Editorial

In den letzten zehn Jahren hat sich der Diskurs um die Vereinbarkeit von Erwerbsarbeit und Familienleben grundlegend gewandelt
und deren konkrete Ausgestaltung hat erheblich an Fahrt aufgenommen. Diese Dynamik war richtig und erforderlich, um verfes-
tigte Strukturen und Vorstellungen aufzubrechen und an neue
Ideen von Leben, Arbeit, Familie und Partnerschaft anzupassen.
Seit einiger Zeit mehren sich nun kritische Stimmen, ob und zu
welchem Preis eine Vollzeittätigkeit mit Sorgearbeit zu vereinbaren ist. Viele Menschen fühlen sich im Spagat zwischen Beruf und
Familie zerrissen und wissen, wie schnell das mühsam und sorgfältig organisierte Ver-
einbarkeitssetting einen Riss bekommt, sobald das Kind erkrankt, der ehrenamtliche
Helfer im Urlaub ist oder Eltern, pflegende Angehörige oder Kinder selbst mal nicht „im
Takt" sind.

Um den Weg zu einer gelingenden Vereinbarkeit weiterzugehen, braucht es vor allem
mehr Ehrlichkeit in der Debatte und den Mut einzugestehen, dass Vereinbarkeit sicherlich nicht bedeuten kann, dass zwei völlig verschiedene Lebenswelten ohne Einschrän-
kungen gleichberechtigt nebeneinander existieren können. Vereinbarkeit – eine Frage
der Zeit? Ja, aber ganz sicher auch eine Frage von Prioritätensetzung, die sich im Lebensverlauf immer wieder neu stellen darf und muss.

Seit Längerem arbeitet der Deutsche Verein zu Fragen der Vereinbarkeit und veröffent-
lichte neben Stellungnahmen und Empfehlungen Publikationen zur kommunalen Zeitpolitik für Familien, der besonderen Lebenslage von Alleinerziehenden oder innovati-
ven Ansätzen und Arrangements in der häuslichen Pflege. Mit dem vorliegenden The-
menheft setzt der Deutsche Verein den Diskurs um Ansätze und Konzepte, die den
Aspekt „Zeit" behandeln, fort und setzt das noch recht junge Politikfeld „Zeitpolitik"
erneut auf die Agenda.

Nora Schmidt
Geschäftsführerin des Deutschen Vereins
für öffentliche und private Fürsorge e.V.

ARCHIV

für Wissenschaft
und Praxis
der sozialen Arbeit

Vierteljahresheft zur Förderung
von Sozial-, Jugend- und
Gesundheitshilfe

Berlin • 47. Jahrgang • Nr. 2/2016

Begründet von
Prof. Dr. Hans Achinger

Herausgegeben von
Prof. Dr. Peter Buttner

im Auftrag des Deutschen Vereins
für öffentliche und private
Fürsorge e.V.
Michaelkirchstraße 17/18
10179 Berlin
www.deutscher-verein.de

ISSN 0340 - 3564
ISBN 978-3-7841-2920-4

Redaktion: Dr. Sabine Schmitt
Tel. (030) 6 29 80-319
Fax (030) 6 29 80-351
E-Mail: s.schmitt@deutscher-verein.de

Das Archiv für Wissenschaft und Praxis der sozialen Arbeit erscheint vierteljährlich. Der Bezugspreis beträgt
42,70 € (für Mitglieder des Deutschen Vereins 25,90 €) jährlich; Ein-
zelheft 14,50 € (für Mitglieder
10,70 €) inkl. MwSt. zzgl. Versandkosten. Anmeldungen zur Mitglied-
schaft nimmt die Geschäftsstelle des
Deutschen Vereins entgegen.

Die Auslieferung erfolgt über den
Lambertus-Verlag GmbH
Postfach 1026, 79010 Freiburg,
Tel. 0761-36825-0
info@lambertus.de

Druck:
Stückle Druck und Verlag, Ettenheim

Veröffentlicht mit Förderung durch
das Bundesministerium für Familie,
Senioren, Frauen und Jugend
(BMFSFJ)

V.i.S.d.P.: Michael Löher

Abbildung Titelseite:
zjk/fotolia

Inhalt

Esther Geisler, Michaela Kreyenfeld, Heike Trappe

Erwerbsbeteiligung von Müttern und Vätern in Ost- und Westdeutschland: Strukturstarre oder Trendwende?

Dieser Beitrag gibt einen Überblick über wesentliche familienpolitische Reformen der letzten Dekade in Deutschland. Vor diesem Hintergrund werden Entwicklungstendenzen der Erwerbsmuster von Müttern und Vätern im Zeitraum von 1996 bis 2011 beschrieben und die veränderte Vereinbarkeitsdebatte diskutiert.

Insbesondere im letzten Jahrzehnt wurde Deutschlands Familienpolitik grundlegend reformiert. Auch wenn ein Teil dieser Reformen von der sozialdemokratischen Familienministerin Renate Schmidt vorbereitet wurde, war es letztendlich mit Ursula von der Leyen eine konservative Familienministerin, die Reformen wie das Elterngeld und den Ausbau der Krippenbetreuung durchsetzte. Nicht nur in der deutschen Diskussion, sondern auch in der international vergleichenden Sozialpolitikforschung löste dieser Tatbestand eine gewisse Irritation aus (Fleckenstein 2011). Deutschland war bislang als Idealtyp eines familialistischen Wohlfahrtsstaates eingeordnet worden, der einseitig das Männliche-Ernährer-Modell förderte und Frauen auf die Rolle der Zuverdienerin verwies (Esping-Andersen 1999). Die Reformen, die in den 2000er-Jahren realisiert wurden, darunter vor allem das Elterngeld, wurden als klarer Bruch zur konservativen familienpolitischen Tradition gewertet (Spiess/Wrohlich 2008).

Während die Reformen auf der einen Seite als überfällige politische Schritte zur Integration von Müttern in den Arbeitsmarkt willkommen geheißen wurden, wurde auf der anderen Seite – erstaunlicherweise gerade seitens der feministischen Forschung – Kritik am familienpolitischen Kurswechsel laut. Kritisiert wurde dabei vor allem der Umstand, dass die familienpolitischen Neuerungen in erster Linie durch ökimische und demografische Beweggründe motiviert worden waren und nicht vehement genug das Ziel in den Vordergrund gerückt wurde, eine Geschlechtergleichheit auf dem Arbeitsmarkt anzustreben (Henninger u.a. 2008). Insgesamt wurde mit dem konstatierten „Paradigmenwechsel von der Frauen- zur Familienpolitik" (Kahlert 2006, 18) häufig ein reduktionistisches Verständnis der Gleichstellung der Geschlechter assoziiert. Die Tatsache, dass gerade das Elterngeld mithilfe demografischer Argumente durchgesetzt worden war, machte diese politische Maßnahme durchaus anfällig für Kritik, vor allem als nach dessen Einführung die Geburtenraten nicht unmittelbar in die Höhe schnellten (Bild-Zeitung 2010; Der Spiegel 2012; Gerlach 2015).

Im Folgenden werden zunächst die wesentlichen Eckpfeiler der familienpolitischen Reformen in Deutschland in der letzten Dekade zusammengefasst. Daran schließt sich ein Überblick über die Veränderungen der Erwerbsmuster von Frauen und Männern mit Kindern im Zeitverlauf an, bevor abschließend die veränderte Vereinbarkeitsdebatte skizziert wird.

Familienpolitische Rahmenbedingungen

Eine in der deutschen Familiensoziologie und Familienpolitik einflussreiche Überlegung zur Beschreibung der Rahmenbedingungen von Elternschaft und Familie ist die These der „strukturellen Rücksichtslosigkeit". Der Begriff ist von Kaufmann (1990, 1995, 2005) in die Diskussion gebracht worden, um hervorzuheben, dass Elternschaft insbesondere in der bundesdeutschen Gesellschaft mit gravierenden sozialen und ökonomischen Nachteilen verbunden ist, die durch staatliche Transferzahlungen nicht hinreichend ausgeglichen werden. Betrachtet man jedoch die tatsächlichen familienpolitischen Ausgaben im Ländervergleich, muss man feststellen, dass Deutschland relativ viel für familienpolitische Leistungen ausgibt (Thévenon 2011).

Allerdings haben das Ehegattensplitting sowie die Regelungen der Sozial- und Rentenversicherung vor allem eine traditionelle Arbeitsteilung in ehelichen Lebensgemeinschaften gefördert und damit negative Erwerbsanreize für verheiratete Mütter gesetzt (Bonin u.a. 2013).

In diesem sozialpolitischen Kontext haben bedeutende familienpolitische Reformen stattgefunden, die eine Abkehr vom zuvor favorisierten Männlichen-Ernährer-Modell markieren. Ein besonderes öffentliches Interesse hat dabei die Einführung des Elterngeldes im Jahr 2007 auf sich gezogen. Während das bis dahin geltende Erziehungsgeld als „Aufwertung von Erziehungsleistungen" verstanden wurde, ist das Elterngeld als Lohnersatzleistung konzipiert. Zudem wird es für einen kürzeren Zeitraum gewährt und fördert somit eine zügigere Rückkehr in den Arbeitsmarkt. Durch die sogenannten „Vätermonate" wurden zudem Anreize ge-

Dr. Esther Geisler, Soziologin, wiss. Mitarbeiterin, Hertie School of Governance, Berlin. E-Mail: E.Geisler@hertie-school.org

Prof. Dr. Michaela Kreyenfeld, Soziologin, Hertie School of Governance, Berlin. E-Mail: Kreyenfeld@hertie-school.org

Prof. Dr. Heike Trappe, Soziologin, Universität Rostock, Institut für Soziologie und Demographie. E-Mail: Heike.Trappe@uni-rostock.de

setzt, dass auch Männer, die vormals zu einem verschwindend geringen Anteil Erziehungsurlaub in Anspruch nahmen, ihre Erwerbstätigkeit zugunsten der Kinderbetreuung unterbrechen oder zumindest reduzieren (Bundeselterngeld- und Elternzeitgesetz – BEEG vom 5. Dezember 2006, BGBl. I S. 2748).

Weniger Beachtung erfuhr in diesem Zusammenhang, dass nicht nur die Elternzeit und das Elterngeld reformiert worden waren, sondern diverse Reformen im Kinderbetreuungsbereich unmittelbar zeitgleich lanciert wurden. Im Jahr 2005 wurde das Tagesbetreuungsausbaugesetz erlassen (TAG vom 27. Dezember 2004, BGBl. 2004 I S. 3852), auf welches im Jahr 2008 das Kinderförderungsgesetz folgte (KiföG vom 10. Dezember 2008, BGBl. 2008 I S. 2403), das vor allem auf den Ausbau der Betreuungsinfrastruktur für unter Dreijährige in Westdeutschland abzielte. Im Zusammenhang mit dem KiföG existiert seit August 2013 flächendeckend für Kinder ab einem Jahr ein Rechtsanspruch auf einen Betreuungsplatz.

Diese gesetzlichen Neuerungen haben sich sukzessive in Veränderungen der Besuchsquoten von Kindertageseinrichtungen niedergeschlagen. In Westdeutschland stieg die Besuchsquote der unter Dreijährigen in Kindertageseinrichtungen und in der Tagespflege in den Jahren 2006 bis 2014 von sieben auf 23 % (Kreyenfeld/Krapf 2016).[1] In Ostdeutschland sind die Besuchsquoten generell höher, was mit den über Generationen verstetigten Traditionen und infrastrukturellen Möglichkeiten zusammenhängt. Jedoch ist selbst in Ostdeutschland von 2006 bis 2014 der Anteil der betreuten Kinder unter drei Jahren von 36 auf 47 % gestiegen. Für Gesamtdeutschland liegt die Besuchsquote für Kinder unter drei Jahren bei 28 % im Jahr 2014 und damit fast in der Nähe der „Barcelona-Vorgaben" (European Union 2014).

Eine weitere wesentliche Veränderung der familienpolitischen Rahmenbedingungen stellt die im Jahr 2008 erfolgte Neufassung des Unterhaltsrechts dar. Diese beinhaltet durch die Begrenzung des Unterhalts für den betreuenden Elternteil auf die Zeit bis zum dritten Geburtstag des jüngsten Kindes eine formale Gleichstellung geschiedener und vormals nichtehelich zusammenlebender Partner/innen. Allerdings können Familiengerichte längere Unterhaltszahlungen anordnen und die Praxis zeigt zum Teil eine sehr unterschiedliche Rechtsprechung (Lenze 2014, 31 f.).

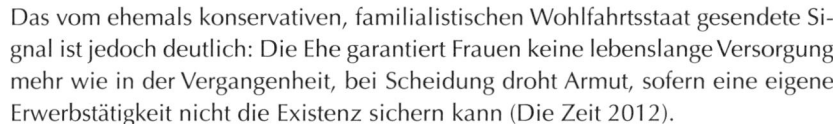

Das vom ehemals konservativen, familialistischen Wohlfahrtsstaat gesendete Signal ist jedoch deutlich: Die Ehe garantiert Frauen keine lebenslange Versorgung mehr wie in der Vergangenheit, bei Scheidung droht Armut, sofern eine eigene Erwerbstätigkeit nicht die Existenz sichern kann (Die Zeit 2012).

---

1 Die Berechnungen weichen leicht von den durch das Statistische Bundesamt (2016) publizierten Ziffern ab, da als Bezugsgröße die Populationszahl laut Fortschreibung 1987 zum 31.12. des Vorjahres verwendet wurde. In der amtlichen Statistik wird als Bezugsgröße die Populationszahl am Jahresende des Berichtsjahrs verwendet.

Entwicklung des Erwerbsverhaltens von Müttern in Ost- und Westdeutschland

Laut Angaben der europäischen Statistikbehörde Eurostat (2016) lag die Frauenerwerbstätigenquote im Jahr 2014 in Deutschland bei nahezu 78 %. Von 32 europäischen Ländern bekleidete Deutschland damit Platz fünf, lag nur knapp hinter Schweden und Norwegen und sogar deutlich vor Frankreich. Die bemerkenswerte Platzierung Deutschlands in der Eurostat-Statistik hat unterschiedliche Gründe. Verzerrt wird der internationale Vergleich vor allem dadurch, dass Deutschland eines der Länder mit der höchsten Kinderlosigkeit Europas ist. Mehr als ein Fünftel der westdeutschen Frauen bleibt kinderlos (Statistisches Bundesamt 2015 a). Haben Frauen keine Kinder, so sind sie zumeist Vollzeit erwerbstätig.

Um die Daten zu verstehen, ist es jedoch vor allem wichtig zu wissen, dass in der EU-Statistik eine Person bereits als erwerbstätig gilt, wenn sie eine Stunde oder mehr pro Woche arbeitet. Kaum ein anderes Land kennt jedoch so viele „marginal Beschäftigte", also Personen, die in sogenannten Minijobs arbeiten, unter Frauen und vor allem unter Müttern wie (West-)Deutschland. Hintergrund ist vor allem eine Ausweitung der Verdienstgrenzen seit den 1990er-Jahren (aktuell liegt diese bei 450,– €/Monat), die diese Beschäftigungsverhältnisse insbesondere für verheiratete Frauen mit Kindern als Zuverdienstoption innerhalb einer „Male-Breadwinner-Ehe" vermeintlich attraktiv erscheinen ließen.

Minijobs basieren auf sozialversicherungs- und steuerrechtlichen Ausnahmeregelungen, denn Arbeitnehmer/innen zahlen in solchen Beschäftigungsverhältnissen keine Steuern und bis vor Kurzem auch keine Sozialabgaben. Seit 2013 müssen sie nun einen Beitrag an die Rentenversicherung abführen, welcher bei Beschäftigungen im gewerblichen Bereich relativ gering, bei Arbeitsverhältnissen in privaten Haushalten allerdings nicht unerheblich ausfällt. Es wird sich zeigen, ob diese Beschäftigungsverhältnisse damit unattraktiver werden. Vor dem Hintergrund fehlender sozialversicherungsrechtlicher Ansprüche (Arbeitslosengeld I, gesetzliche Krankenversicherung) und insbesondere einer mehr als unzureichenden eigenständigen Alterssicherung müssen die Minijobs äußerst kritisch betrachtet werden (Bäcker/Neuffer 2012).

Tabelle 1 gibt vor diesem Hintergrund einen Überblick über die Trends des Erwerbsverhaltens ost- und westdeutscher Eltern. Während nur etwa ein Fünftel der westdeutschen Frauen mit minderjährigen Kindern 30 Stunden oder mehr pro Woche erwerbstätig ist, arbeiten ostdeutsche Mütter mehrheitlich in Vollzeit. Damit ähnelt ihr Erwerbsverhalten dem der Frauen in Nachbarländern wie Dänemark, Belgien und Frankreich. Selbst in Polen arbeiten Mütter deutlich häufiger in Vollzeit als in Westdeutschland.

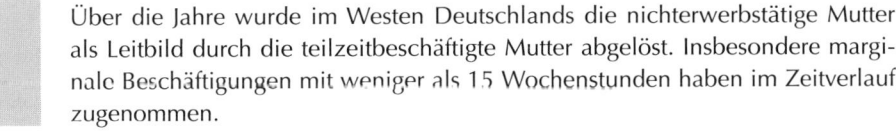

Über die Jahre wurde im Westen Deutschlands die nichterwerbstätige Mutter als Leitbild durch die teilzeitbeschäftigte Mutter abgelöst. Insbesondere marginale Beschäftigungen mit weniger als 15 Wochenstunden haben im Zeitverlauf zugenommen.

Mittlerweile arbeitet fast ein Sechstel der westdeutschen Mütter in solchen Beschäftigungsverhältnissen. Obwohl in Ostdeutschland die kurze Teilzeitbeschäftigung ebenfalls zugenommen hat, ist der Anteil unter den Müttern mit etwa vier Prozent wesentlich geringer. Im westlichen Teil Deutschlands ist seit 1996 ein massiver Rückgang der nichterwerbstätigen Mütter zugunsten der teilzeiterwerbstätigen Mütter zu beobachten. Dennoch ist fast ein Viertel der Frauen mit Kindern nicht im Arbeitsmarkt aktiv. In Ostdeutschland ist der Anteil dieser Gruppe seit 1996 zwar angestiegen, aber nach wie vor mit 14 % wesentlich geringer als in Westdeutschland.

Ein weiterer Unterschied ist die noch immer deutlich höhere Erwerbslosigkeit ostdeutscher Mütter. Dies zeigt zum einen ihre höhere Erwerbsorientierung, ist zum anderen aber sicherlich der ökonomischen Notwendigkeit einer Inanspruchnahme von Lohnersatz- und Sozialleistungen geschuldet sowie der allgemein höheren Anspruchsberechtigung bei bedarfsabhängigen Sozialleistungen aufgrund geringerer Einkommen der männlichen Partner im Vergleich zu Westdeutschland.

Während sich im Erwerbsverhalten von Müttern über die Zeit merkliche Veränderungen vollzogen haben, ist die große Mehrheit der ost- und westdeutschen Väter nach wie vor in Vollzeit erwerbstätig. In Ostdeutschland wurde dieses Bild bis Mitte der 2000er-Jahre allerdings durch eine ebenfalls wesentlich höhere Arbeitslosigkeit getrübt. Im Gegensatz zu Frauen mit Kindern arbeiten Väter nur zu einem sehr geringen Anteil in Teilzeit. Allerdings ist sowohl in Ost- als auch in Westdeutschland seit 1996 ein kontinuierlicher Anstieg dieser Gruppe auf niedrigem Niveau zu verzeichnen. Teilzeitarbeit unter Vätern erfolgt jedoch häufiger als Teilzeitarbeit unter Müttern unfreiwillig, weil beispielsweise keine Vollzeitarbeit zu finden ist (WSI 2016).

Betrachtet man die Arbeitsmarktbeteiligung von Eltern mit Kleinkindern zwischen einem Jahr und unter drei Jahren (Tabelle 2), werden die anhaltenden innerdeutschen Unterschiede in der Müttererwerbsbeteiligung besonders deutlich. In Westdeutschland ist nach wie vor mehr als ein Drittel der Mütter mit Kleinkindern nicht im Arbeitsmarkt aktiv, ein anderes Drittel arbeitet in Teilzeit. Für die Gruppe der in Vollzeit erwerbstätigen westdeutschen Mütter mit Kleinkindern ist nach einem leichten Rückgang bis Mitte der 2000er-Jahre ein Anstieg auf fast 15 % im Jahr 2011 zu verzeichnen. Dagegen liegt in Ostdeutschland dieser Anteil bei 45 %, nur ein knappes Sechstel ist teilzeitbeschäftigt und 22 % sind überhaupt nicht im Arbeitsmarkt aktiv.

Wenn Männer kleine Kinder haben, sind sie nichtsdestotrotz in mehr als acht von zehn Fällen in Vollzeit erwerbstätig. Ebenfalls sichtbar ist eine Zunahme der Männer in Elternzeit, allerdings bilden die hier vorliegenden Daten aus methodischen Gründen[2] bei

---

2   Im Mikrozensus wird der Erwerbsstatus in einer Referenzwoche, aber nicht für das vollständige Berichtsjahr erfasst. Da Männer in der Mehrheit der Fälle nur für recht kurze Zeit Elternzeit in Anspruch nehmen, ist die Wahrscheinlichkeit geringer als bei Müttern, dass sie im Befragungsjahr im Mikrozensus als „in Elternzeit" registriert werden.

Weitem nicht die starke Zunahme von Männern seit der Einführung des Elterngeldes im Jahr 2007 ab.

Betrachtet man die durchschnittliche geleistete Arbeitszeit ost- und westdeutscher Mütter und Väter (Abbildung 1), wird deutlich, dass der größte Unterschied zwischen westdeutschen Müttern und Vätern besteht, der sich seit 1996 auch nur unwesentlich verändert hat. In Westdeutschland arbeiteten Väter im Jahr 2011 im Schnitt 36 Stunden pro Woche, während Mütter durchschnittlich 14 Stunden erwerbstätig waren.

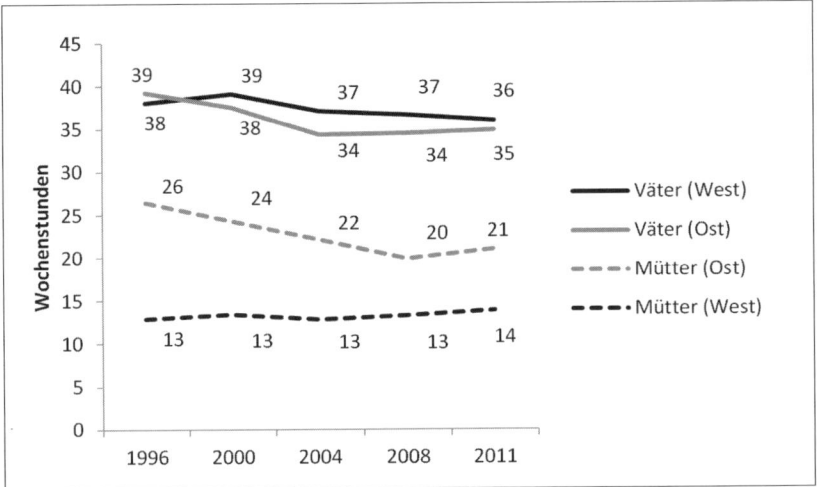

Abb. 1: Durchschnittlich tatsächlich geleistete Arbeitszeit von Frauen und Männern mit Kindern unter 18 Jahren in Ost- und Westdeutschland

Anmerkung: Stichprobe: siehe Tabelle 1. Arithmetisches Mittel. Inklusive Erwerbsloser und Nichterwerbspersonen (0 Stunden/Woche)

In Ostdeutschland haben sich im Zeitverlauf stärkere Veränderungen in der durchschnittlichen Arbeitszeit der Mütter ergeben, die auch schon in den Tabellen zum Erwerbsstatus deutlich geworden sind. Bis zum Ende der 2000er-Jahre ist die durchschnittliche Arbeitszeit ostdeutscher Frauen mit Kindern kontinuierlich gefallen und im Jahr 2011 wieder leicht gestiegen. Dennoch übertraf sie mit 21 Stunden die von westdeutschen Müttern durchschnittlich geleistete Wochenarbeitszeit um sieben Stunden. Ostdeutsche Männer haben ebenfalls einen Rückgang der Arbeitszeit erlebt, der offensichtlich mit der hohen Erwerbslosigkeit zusammenhing; im Jahr 2011 arbeiteten sie mit 35 Stunden pro Woche fast so lange wie westdeutsche Väter.

Worin liegen die Ursachen der andauernden Ost-West-Unterschiede in der Müttererwerbstätigkeit? Sehr wahrscheinlich handelt es sich um ein Zusammenspiel kultureller, ökonomischer und infrastruktureller Gegebenheiten, die zu dem unterschiedlichen Ver

	Väter					Mütter				
	1996	2000	2004	2008	2011	1996	2000	2004	2008	2011
Deutschland										
Vollzeit	89,4	89,6	85,6	88,4	88,7	30,6	27,9	24,7	24,5	27,3
Lange Teilzeit	1,3	1,5	2,0	2,1	2,7	17,6	20,0	21,8	24,2	25,6
Kurze Teilzeit	0,6	0,8	1,1	1,1	1,2	7,8	11,2	12,8	14,6	14,0
Elternzeit	0,1	0,1	0,1	0,3	0,5	3,3	4,5	4,2	5,2	6,3
Erwerbslos	5,4	4,9	8,0	5,0	3,7	6,8	5,8	7,6	6,2	4,5
Nichterwerbsperson	3,2	3,2	3,2	3,1	3,2	33,9	30,6	28,8	25,4	22,4
Westdeutschland										
Vollzeit	89,5	90,6	86,9	89,3	89,1	21,8	20,9	19,0	20,1	22,3
Lange Teilzeit	1,5	1,6	2,2	2,1	2,7	20,4	22,6	24,2	26,2	27,8
Kurze Teilzeit	0,7	0,8	1,0	1,1	1,2	9,6	13,1	14,6	16,3	15,9
Elternzeit	0,1	0,1	0,1	0,3	0,5	3,8	4,9	4,4	5,2	6,2
Erwerbslos	4,8	3,7	6,7	4,4	3,4	4,0	3,6	5,5	5,0	3,9
Nichterwerbsperson	3,5	3,1	3,2	2,9	3,1	40,4	34,9	32,3	27,1	23,9
Ostdeutschland										
Vollzeit	88,9	85,6	79,1	83,3	86,4	63,3	57,8	52,2	49,0	54,0
Lange Teilzeit	0,7	0,8	1,2	2,4	2,4	7,5	8,7	10,4	12,8	13,9
Kurze Teilzeit	0,3	0,5	1,3	1,5	1,3	1,2	2,8	4,2	4,6	3,7
Elternzeit	0,0	0,2	0,1	0,3	0,6	1,5	3,1	3,5	5,2	6,4
Erwerbslos	7,7	9,8	15,0	8,6	5,6	16,9	15,5	17,8	12,5	8,0
Nichterwerbsperson	2,3	3,2	3,3	4,1	3,7	9,5	12,1	12,0	15,9	14,1

Tabelle 1: Erwerbsbeteiligung von Frauen und Männern mit mindestens einem Kind unter 18 Jahren im Haushalt

Anmerkungen: Die Stichproben umfassen Männer und Frauen im Alter von 18–50 Jahren in Privathaushalten, die am Wohnsitz der Lebensgemeinschaft mit mindestens einem Kind unter 18 Jahren zusammenleben. Vollzeit ≥ 30 Stunden/Woche; lange Teilzeit: 15–29 Stunden/Woche; kurze Teilzeit: 1–14 Stunden/Woche.

Quelle: Mikrozensen 1996, 2000, 2004, 2008, 2011, gewichtet (eigene Berechnungen).

	Väter					Mütter				
	1996	2000	2004	2008	2011	1996	2000	2004	2008	2011
Deutschland										
Vollzeit	87,1	88,0	83,8	85,0	86,5	15,0	14,0	13,9	15,0	20,0
Lange Teilzeit	1,6	1,8	2,3	2,6	3,0	9,5	10,1	10,3	13,8	17,5
Kurze Teilzeit	0,9	0,9	1,4	1,6	1,5	7,2	10,7	10,9	12,8	11,8
Elternzeit	0,3	0,4	0,3	0,6	0,8	11,6	15,3	14,9	14,0	14,9
Erwerbslos	6,6	5,1	8,4	6,5	4,7	4,2	3,7	4,7	4,9	3,8
Nichterwerbsperson	3,6	3,9	3,7	3,7	3,4	52,6	46,4	45,2	39,4	31,9
Westdeutschland										
Vollzeit	87,6	88,8	84,7	86,3	86,6	12,8	11,0	10,2	10,9	14,6
Lange Teilzeit	1,6	1,9	2,5	2,6	3,2	9,8	10,6	10,6	14,7	18,3
Kurze Teilzeit	0,9	1,0	1,3	1,4	1,5	7,8	11,7	12,2	14,5	13,8
Elternzeit	0,4	0,4	0,4	0,6	0,8	12,0	15,7	15,6	15,2	16,5
Erwerbslos	5,9	4,3	7,7	5,7	4,6	2,7	2,4	3,0	3,5	2,9
Nichterwerbsperson	3,6	3,7	3,5	3,4	3,3	54,9	48,6	48,5	41,2	34,0
Ostdeutschland										
Vollzeit	82,5	81,8	78,0	77,4	85,9	32,9	33,2	35,6	35,7	45,4
Lange Teilzeit	1,1	1,1	1,4	2,8	2,3	7,0	7,1	9,1	9,5	13,9
Kurze Teilzeit	0,4	0,5	1,5	2,9	1,1	2,0	3,9	3,2	4,1	2,9
Elternzeit	0,0	0,6	0,2	0,6	0,9	8,1	12,1	11,2	8,3	7,7
Erwerbslos	12,1	11,1	13,3	11,2	5,6	16,9	11,7	14,5	11,9	8,3
Nichterwerbsperson	3,9	5,0	5,5	5,1	4,1	33,1	32,0	26,4	30,6	21,9

Tabelle 2: Erwerbsbeteiligung von Frauen und Männern mit mindestens einem Kind zwischen 1 und unter 3 Jahren im Haushalt

Anmerkungen: Die Stichproben umfassen Männer und Frauen im Alter von 18–50 Jahren in Privathaushalten, die am Wohnsitz der Lebensgemeinschaft mit mindestens einem Kind zwischen 1 und 2 Jahren zusammenleben. Vollzeit ≥ 30 Stunden/Woche; lange Teilzeit: 15–29 Stunden/Woche; kurze Teilzeit: 1–14 Stunden/Woche.

Quelle: Mikrozensen 1996, 2000, 2004, 2008, 2011, gewichtet (eigene Berechnungen).

halten von Frauen mit Kindern in beiden Teilen Deutschlands führen. In Ostdeutschland befürwortet ein wesentlich geringerer Anteil der Befragten eine traditionelle Rollenverteilung in der Familie. So stimmten im Jahr 2012 noch 29 % der Westdeutschen, aber nur 16 % der Ostdeutschen folgender Aussage zu: „Es ist für alle Beteiligten viel besser, wenn der Mann voll im Berufsleben steht und die Frau zu Hause bleibt und sich um den Haushalt und die Kinder kümmert" (Blohm/Walter 2013, 388).

 Die Selbstverständlichkeit der Erwerbstätigkeit von Frauen in der DDR scheint also auch noch mehr als 25 Jahre nach der Wiedervereinigung nachzuwirken.

Des Weiteren stellt das Zwei-Verdiener-Modell für einen Großteil der ostdeutschen Familien aufgrund der unsichereren Lage auf dem Arbeitsmarkt und geringerer Löhne eine ökonomische Notwendigkeit dar, der durch eine bessere Kinderbetreuungsinfrastruktur auch gefolgt werden kann.

Auch unter den jüngeren westdeutschen Frauen und Männern scheinen sich egalitäre Vorstellungen immer stärker durchzusetzen. So favorisieren 82 % der 18- bis 30-jährigen Westdeutschen eine egalitäre Rollenverteilung in der Familie, unter den Ostdeutschen dieser Altersgruppe liegt der Anteil bei 87 % (ebd., 388).

Allerdings gibt es nach wie vor Diskrepanzen zwischen den Wünschen und Lebenswirklichkeiten von Eltern. Zwar hat die Einführung des Elterngeldes einen stetigen Anstieg von Vätern in Elternzeit zur Folge gehabt, sodass fast ein Drittel der Väter von im Jahr 2013 geborenen Kindern Elterngeld in Anspruch nahm (Statistisches Bundesamt 2015 b). Eine Befragung des Instituts für Demoskopie Allensbach aus dem Jahr 2014 zeigt jedoch, dass ein Fünftel der Väter gern Elternzeit in Anspruch genommen oder zumindest die Erwerbsarbeit reduziert hätte, es dann aber doch nicht getan hat. Das Hauptmotiv stellen nach wie vor finanzielle Verluste dar (für 60 % der Väter, die keine Elternzeit genommen haben, war dies ein Grund). Der gleichen Befragung zufolge wollten 58 % der Väter mit Kindern unter sechs Jahren mindestens die Hälfte der Kinderbetreuung übernehmen. Tatsächlich gelang das nur etwa einem Viertel (26 %) dieser Männer (IfD 2015).

Die Vereinbarkeitsdebatte in Deutschland

Die Debatte um die Vereinbarkeit von Beruf und Familie fand lange Zeit sowohl in der Öffentlichkeit als auch in den Sozialwissenschaften und der Sozialpolitik mit einem überwiegenden Fokus auf Frauen statt. Defamilialisierende Maßnahmen, welche Frauen von ihren Betreuungsaufgaben entlasten sollen, vor allem eine umfassend ausgebaute, qualitativ hochwertige Kinderbetreuungsinfrastruktur und flexiblere Arbeitszeiten sowie ein Wandel in den Einstellungen zu erwerbstätigen Müttern, wurden umfassend diskutiert. Erst nach und nach hat sich die Erkenntnis durchgesetzt, dass Defamilialisierung ihre Grenzen hat und es ohne eine gleichberechtigte Verteilung von Betreuungsaufgaben zwischen Müttern und Vätern auch keine umfassende Vereinbarkeit von Beruf und Familie für beide Geschlechter geben kann. Manch ein Forscher spricht von der Notwendigkeit einer „Feminisierung männlicher Lebensläufe" (Esping-Andersen 2009, 81).

Eine Umverteilung von Hausarbeit und Kinderbetreuung zwischen Müttern und Vätern setzt jedoch auch einen Wandel der Arbeitswelt voraus, vor allem hinsichtlich der Erwartungen, die Arbeitgeber/innen an die ausgiebige zeitliche und räumliche Flexibilität ihrer Arbeitnehmer/innen stellen können. Als Hemmnis der umfassenden Umsetzung einer familienbewussten Unternehmenspolitik erweist sich vermutlich gerade in klein- und mittelständischen Betrieben die jahrzehntelange Gewöhnung an das Leitbild des voll flexibel einsetzbaren männlichen Ernährers.

Ein entsprechender Wandel der Arbeitskultur, der auch Zeiten für Familien mitberücksichtigt, erscheint dringend geboten, sollen nicht die „Vereinbarkeitspessimisten" die Deutungshoheit gewinnen (Die Zeit 2015).

Fazit

Familienpolitik ist heute in Deutschland kein „Gedöns" mehr, verfügt aber auch noch nicht über eine klare gesellschaftspolitische Vision. Grundlegende Prinzipien, wie die Gleichstellung von Frauen und Männern, die gesellschaftliche Wertschätzung der durch Familien erbrachten Leistungen und die Verlässlichkeit familienpolitischer Strukturen, sollten erkennbar sein und entsprechend kommuniziert werden. Am Beispiel der Vereinbarkeitsthematik zeigt sich die gemeinsame Schnittmenge von Familienpolitik und weiteren Politikfeldern wie Bildungs- und Arbeitsmarkt- sowie Gleichstellungspolitik. All diese Politikbereiche tragen zur konkreten Ausgestaltung der Vereinbarkeitsbedingungen bei.

Die vorliegenden Analyseergebnisse zur Erwerbsbeteiligung von Müttern und Vätern belegen, dass trotz einer deutlichen Zunahme der Erwerbsbeteiligung von Müttern in jüngerer Zeit und anhaltender Ost-West-Unterschiede die Geschlechterunterschiede im Gesamteindruck überwiegen. Dies fällt insbesondere beim Vergleich der tatsächlich geleisteten durchschnittlichen Wochenarbeitszeit auf.

Soll hier langfristig eine Annäherung angestrebt werden, die eine Umverteilung von bezahlter und unbezahlter Arbeit zwischen Müttern und Vätern nach sich zieht, dann müssen beispielsweise berufliche Auszeiten von Männern bzw. Reduzierungen ihrer Arbeitszeiten selbstverständlicher werden, als dies gegenwärtig noch der Fall ist. Im Hinblick auf die berufliche Gleichstellung von Frauen und Männern hätte dies den Effekt, dass sie seitens der Arbeitgeber/innen nicht mehr als unterschiedliche „Risikogruppen" wahrgenommen werden würden, was sich bislang in ungleichen Aufstiegschancen und ungleicher Bezahlung niederschlägt.

Auch könnte die Inanspruchnahme der Elternzeit für Männer durch eine Ausweitung der Partnermonate noch attraktiver werden. Da häufig ökonomische Abwägungen innerhalb der Partnerschaft ausschlaggebend sind, erscheinen langfristig eine Verminderung der Einkommenskluft zwischen frauen- und männerdominierten Tätigkeiten sowie eine Eindämmung geringfügiger Beschäftigungsverhältnisse zielführend, während kurzfristig über exklusiv dem Partner oder der Partnerin zustehende Elternzeitmonate nachgedacht werden könnte.

> Die erst im Juli 2015 eingeführte ElterngeldPlus-Regelung unterstützt den frühen beruflichen Wiedereinstieg beider Elternteile in Teilzeitarbeit bei insgesamt verlängerter Anspruchsdauer. Damit wird eine konsequente Verzahnung von Familien-, Gleichstellungs- und Arbeitsmarktpolitik beabsichtigt.

Literatur

Bäcker, G./Neuffer, S. (2012): Von der Sonderregelung zur Beschäftigungsnorm: Minijobs im deutschen Sozialstaat, in: WSI-Mitteilungen 65(1), S. 13–21.

Bild-Zeitung (2010): Trotz Elterngeld: Geburtenrate bleibt niedrig. Von wegen Baby-Wunder! Bild-Zeitung vom 21. Januar 2010, http://www.bild.de/politik/2010/kristina-koehler-baby-boom-11200608.bild.html (1. März 2016).

Blohm, M./Walter, J. G. (2013): Einstellungen zur Rolle der Frau, in: Statistisches Bundesamt und Wissenschaftszentrum Berlin für Sozialforschung (Hrsg.): Datenreport 2013: Ein Sozialbericht für die Bundesrepublik Deutschland, Bonn, S. 385–390.

Bonin, H./Fichtl, A./Rainer, H./Spieß, C. K./Stichnoth, H./Wrohlich, K. (2013): Zentrale Resultate der Gesamtevaluation familienbezogener Leistungen, in: DIW Wochenbericht 80(40), S. 3–13.

Der Spiegel (2012): Sinkende Geburtenzahlen: Kauder stellt Elterngeld auf den Prüfstand, in: Der Spiegel vom 6. Juli 2012, http://www.spiegel.de/politik/deutschland/elterngeld-kauder-stellt-leistung-fuer-muetter-und-vaeter-in-frage-a-842890.html (1. März 2016).

Die Zeit (2012): Armutsrisiko Scheidung: Arme Frau, in: Die Zeit vom 31. Oktober 2012, http://pdf.zeit.de/2012/45/Hausfrau-Scheidung-Armut-Geld.pdf (1. März 2016).

Die Zeit (2015): Familie und Beruf: Die Lüge von der Vereinbarkeit, in: Die Zeit vom 23. Februar 2015, http://pdf.zeit.de/karriere/2015-02/vereinbarkeit-familie-beruf-luege.pdf (7. März 2016).

Esping-Andersen, G. (1999): Social foundations of postindustrial economies, Oxford.

Esping-Andersen, G. (2009): The incomplete revolution, Cambridge.

European Union (2014): Use of childcare in the EU Member States and progress towards the Barcelona targets. European Union Programme for Employment and Social Solidarity. Short Statistical Report No. 1.

Eurostat (2016): Employment rate (15 to 64 years) for women (INDIC_EM in file lfsi_emp_a), http://ec.europa.eu/eurostat/data/database (1. März 2016).

Fleckenstein, T. (2011): The politics of ideas in welfare state transformations: Christian democracy and the reform of family policy in Germany, in: Social Politics 18(4), S. 543–571.

Gerlach, I. (2015): Mehr Kinder durch monetäre Leistungen? Ein Befund, Berlin.

Henninger, A./Wimbauer, C./Dombrowski, R. (2008): Geschlechtergleichheit oder „exklusive Emanzipation"? Ungleichheitssoziologische Implikationen der aktuellen familienpolitischen Reformen, in: Berliner Journal für Soziologie 18(1), S. 99–128.

IfD – Institut für Demoskopie Allensbach (2015): Weichenstellungen für die Aufgabenteilung in Familie und Beruf: Untersuchungsbericht zu einer repräsentativen Befragung von Elternpaaren im Auftrag des BMFSFJ, http://www.ifd-allensbach.de/fileadmin/IfD/sonstige_pdfs/Weichenstellungen_Bericht_FINAL.pdf (7. März 2016).

Kahlert, H. (2006): Emanzipation in der schrumpfenden Gesellschaft: Der Geburtenrückgang im Fokus der aktuellen Debatten über den demographischen Wandel im deutschen Wohlfahrtsstaat, in: Berliner Debatte INITIAL 17(3), S. 9–23.

Kaufmann, F.-X. (1990): Ursachen des Geburtenrückgangs in der Bundesrepublik Deutschland und Möglichkeiten staatlicher Gegenmaßnahmen, in: Zeitschrift für Bevölkerungswissenschaft 16(3/4), S. 383–396.

Kaufmann, F.-X. (1995): Zukunft der Familie im vereinten Deutschland, München.

Kaufmann, F.-X. (2005): Schrumpfende Gesellschaft: Vom Bevölkerungsrückgang und seinen Folgen, Frankfurt a.M.

Kreyenfeld, M./Krapf, S. (2016): Soziale Ungleichheit und Kinderbetreuung – Eine Analyse der sozialen und ökonomischen Determinanten der Nutzung von Kindertageseinrichtungen, in: Becker, R./Lauterbach, W. (Hrsg.): Bildung als Privileg: Erklärungen und Befunde zu den Ursachen der Bildungsungleichheit. 5. Ausgabe (im Erscheinen).

Lenze, A. (2014): Alleinerziehende unter Druck: Rechtliche Rahmenbedingungen, finanzielle Lage und Reformbedarf, Gütersloh.

Spiess, C. K./Wrohlich, K. (2008): The parental leave benefit reform in Germany: Costs and labour market outcomes of moving towards the Nordic model, in: Population Research and Policy Review 27(5), S. 575–591.

Statistisches Bundesamt (2015 a): Daten zu Geburten, Familien und Kinderlosigkeit: Ergebnisse des Mikrozensus 2012, Wiesbaden.

Statistisches Bundesamt (2015 b): Sozialleistungen – Elterngeld: Elterngeld – Beendete Leistungsbezüge für Geburtszeiträume – Länder, Geburten, Väterbeteiligung am Elterngeld für im Jahr 2013 geborene Kinder, https://www.destatis.de/DE/ZahlenFakten/GesellschaftStaat/Soziales/Sozialleistungen/Elterngeld/Tabellen/GeburtenVaeterbeteiligungJahr2013.html (7. März 2016).

Statistisches Bundesamt (2016): Betreuungsquoten der Kinder unter 6 Jahren in Kindertagesbetreuung nach Ländern, https://www.destatis.de/DE/ZahlenFakten/GesellschaftStaat/Soziales/Sozialleistungen/Kindertagesbetreuung/Tabellen/Tabellen_Betreuungsquote.html.

Thévenon, O. (2011): Family policies in OECD countries: A comparative analysis, in: Population and Development Review 37(1), S. 57–87.

WSI (2016): WSI GenderDatenPortal, http://www.boeckler.de/wsi_38957.htm (1. März 2016).

Hans Bertram

Die Rushhour des Lebens: Auswege und Lösungsmodelle

Aus der Rushhour des Lebens, in der berufliche Anforderungen und die Fürsorge für Kinder vereinbart werden müssen, gibt es keine einfachen Auswege. Viele Lösungsmodelle scheitern daran, dass die notwendige Zeit für Kinder nicht beliebig disponibel ist und dass noch immer strukturelle Einkommensunterschiede zwischen Männern und Frauen bestehen. Zudem benachteiligen sie Alleinerziehende. In diesem Beitrag werden die zeitlichen Belastungen von Eltern im europäischen Vergleich untersucht und auf dieser Grundlage flexible Arbeitszeiten im Lebenslauf als mögliche Lösung vorgestellt.

Abschied vom Familienmodell der Industriegesellschaft

Kinder sind in ihren ersten Lebensjahren darauf angewiesen, dass (mindestens) eine Person „crazy" für dieses Kind ist, wie die Amerikanische Akademie der Wissenschaft in einem umfassenden Bericht zum Stand der Forschung zur kindlichen Entwicklung aus psychologischer, pädagogischer, neurobiologischer und soziologischer Sicht die zentralen Erkenntnisse dieser Disziplinen zusammenfasst (Shonkoff/Phillipps 2000). Damit können sich Kinder im Kontext einer vertrauensvollen und stabilen Beziehung teilweise schon sehr früh auch in einem größeren Kontext mit anderen Kindern und Menschen gut entwickeln.

Die vielfältigen Längsschnittstudien zur kindlichen Entwicklung, etwa im Kontext der berühmten Studie des Early Child Care Research Network (NICHD 2005) zum Effekt frühkindlicher Betreuung in Krippe und Kindergarten auf die spätere Entwicklung von Kindern, bestätigen diese schlichte Einsicht sehr eindrücklich. Eine stabile und qualitativ gute Beziehung zwischen Mutter und Kind in Kombination mit einer qualitativ guten Betreuung auch durch Dritte etwa in einer Krippe ist für die kindliche Entwicklung insgesamt positiv einzuschätzen. Da sich Kinder jedoch individuell sehr unterschiedlich entwickeln, sind solche Arrangements bei dem einen Kind schon mit sechs oder sieben Monaten möglich, bei einem anderen Kind möglicherweise aber erst mit anderthalb Jahren. Insoweit ist es auch nachvollziehbar, dass in vielen der hoch entwickelten Industrieländer die Möglichkeit für Mütter geschaffen wurde, im ersten Lebensjahr des Kindes den ganzen Tag beim Kind zu bleiben oder auch schon verschiedene Arrangements zu finden (Waldfogel 2010). Aus dieser zunächst sehr neutralen Beschreibung gut gesicherter empirischer Forschungsergebnisse ergeben sich allerdings ziemlich vertrackte politische Fragestellungen und sehr unterschiedliche Lösungsansätze, auch in den hoch entwickelten Industrieländern.

In der klassischen Industriegesellschaft, in der Bundesrepublik ebenso wie in den Vereinigten Staaten oder in Nordeuropa, wurde das Problem in der Regel dadurch gelöst, dass die Familie als „Produktionsstätte der Persönlichkeit der Mitglieder dieser Industriegesellschaften" (Parsons/Bales 1953) interpretiert und arbeitsteilig genauso wie die Industrie organisiert wurde, nämlich zum einen mit der Mutter, die im Haushalt die Haushaltsproduktion und die Fürsorge für die Kinder bewältigt, und zum anderen dem Vater, der die ökonomische Existenz der Familie durch seine außerhäusliche Erwerbstätigkeit sichert.

Nach den Zeitbudgetdaten von Susan Bianchi aus den 1960er-Jahren (Bianchi u.a. 2006) war diese Arbeitsteilung plausibel. Die durchschnittliche Hausarbeit betrug in amerikanischen Haushalten damals 36 bis 40 Stunden pro Woche; in Kalorienverbrauch umgerechnet war das eine Arbeitsleistung von rund 4.000 bis 5.000 Kalorien. Denn viele der heute selbstverständlichen technischen Geräte, von der Waschmaschine bis zur Mikrowelle, fanden auch in den USA erst in den 1970er-Jahren Verbreitung. Nach Zeitbudgetdaten aus den 1920er-Jahren (Baum/Westerkamp 1931) kamen die Arbeiterfrauen, die meist auch noch als Zugehfrauen arbeiten mussten, auf eine wöchentliche Arbeitszeit von 80 Stunden. Anfang der 1950er-Jahre als Frau mit Kindern berufstätig zu sein, bedeutete 48 Stunden Berufsarbeit. Angesichts dieser körperlichen und zeitlichen Belastung ist die Attraktivität der Hausfrauen- und Mutterrolle für einen großen Teil der Frauen damals, von der Elisabeth Pfeil (1961) berichtet, gut nachzuvollziehen. Auch darf nicht verkannt werden, dass noch 1973 fast die Hälfte aller Mütter keine Berufsausbildung hatte und nach Abschluss der Volksschule als angelernte Arbeiterinnen tätig waren (Bertram/Deuflhard 2014). Ludwig von Friedeburg hat noch in einer 1971 durchgeführten Jugendstudie empirisch nachgewiesen, dass die Eltern damals mehrheitlich der Auffassung waren, eine Ausbildung für die Mädchen sei weniger wichtig als für die Jungen, weil die Mädchen eigentlich nur für die Aussteuer arbeiteten.

Prof. Dr. Hans Bertram lehrte Mikrosoziologie an der Humboldt-Universität Berlin. E-Mail: hbertram@mac.com

Arlie Hochschild bezeichnet diese Interpretation von mütterlicher Fürsorge als traditional warmes Modell (1989), weil in der Industriegesellschaft versucht wurde, die Fürsorge für Kinder so zu organisieren, dass dafür pro Familie ein Erwachsener zur Verfügung stand. Aus damaliger Sicht war dieses Modell auch ökonomisch nachzuvollziehen, weil der Takt der industriellen Arbeitszeiten, etwa der Schichtbetrieb, nicht mit den Bedürfnissen von Kindern in Übereinstimmung zu bringen ist.

Allerdings wurden die negativen Konsequenzen für die betroffenen Mütter schon damals wissenschaftlich und politisch formuliert und dokumentiert. Der Erste Familienbericht (Wingen 1964; 1969) kritisierte den Rückzug der Mütter ins Private und beklagte den damit verbundenen Verlust an Kompetenzen. Auch wenn dieses Modell eine akzeptierte Lebensform darstellte, die in den Industrieländern auch zu relativ hohen Geburtenraten beigetragen hat (Castles 1993; 2003), war damals in Politik und Wissenschaft relativ klar, dass es keine Zukunft haben konnte: Die gestiegenen Qualifikationen der jungen Frauen infolge der Bildungsreform eröffneten diesen ganz andere Möglichkeiten beim Zugang zum Arbeitsmarkt und damit zu einer eigenständigen Lebensperspektive außerhalb der Familie; die neu entstehenden Industrien und Dienstleistungsbereiche konnten in der Bundesrepublik nur entwickelt werden, weil hier entsprechend qualifizierte Frauen zur Verfügung standen.

Das sei an einem Beispiel verdeutlicht. Der Vergleich der Frauenerwerbsquoten innerhalb der Bundesrepublik nach Bundesländern und Städten zeigt, dass sich in den frühen 1970er-Jahren in München und Stuttgart oder auch insgesamt in Bayern und Baden-Württemberg, aber auch in Frankfurt a.M. die Frauenerwerbsquoten kaum von denen in Nordeuropa unterschieden und immer um 70 % lagen. Die niedrigeren Quoten in der Bundesrepublik insgesamt waren auf die relativ niedrigen Frauenerwerbsquoten in den altindustriellen Regionen, etwa dem Ruhrgebiet, und manchen ländlichen Regionen Norddeutschlands zurückzuführen. Das lässt sich auch so formulieren: Die enorme wirtschaftliche Entwicklung des Südens der Bundesrepublik ist wesentlich darauf zurückzuführen, dass trotz konservativer Regierungen die Integration der Frauen in das Erwerbsleben viel früher begann als in Nordrhein-Westfalen oder Niedersachsen (Bertram/Deuflhard 2014).

Neben diesen gut dokumentierten Strukturbedingungen hat sich dann in den 1960er-Jahren auch der Wertekanon der Gesellschaft geöffnet und auf die veränderten Bedingungen von Ökonomie und Politik eingestellt. Die „stille Revolution" und „Postmaterialismus" in der Wissenschaft oder „Diversity" und „Gender mainstreaming" geben nur stichwortartig die Veränderung von Werten und Überzeugungen wieder, wie sie Autoren wie Ulrich Beck (1986) oder Richard Sennett (1998) beschrieben haben.

Fürsorge (Care) im Lebensverlauf

Die ökonomischen Strukturveränderungen, die zunehmend hohe Qualifikation der jungen Frauen und eine Ausdifferenzierung von Werten und Einstellungen führten notwendigerweise dazu, dass vorgegebene Leitbilder und die Orientierung an der Elterngeneration keine Basis mehr bei der eigenen Entscheidung zur Fürsorge für Kinder sein konnten. Die Lebensverläufe der Elterngeneration mit der geringen Qualifikation der Mütter, einer frühen Heirat und mehreren Kinder waren für die nachfolgende Generation kein Modell mehr.

Der Siebte Familienbericht hat vorgeschlagen, die stark auf persönlichen Bindungen beruhende Fürsorge für Kinder als eine zentrale Voraussetzung für die kindliche Entwicklung nicht mehr a priori mit der Mutterrolle zu verknüpfen, sondern als eigenständige Leistung in der Gesellschaft anzusehen, die die gleiche Bedeutung hat wie die Aktivitäten zur ökonomischen Existenzsicherung der Gesellschaft (Bertram u.a. 2006; Bertram 2007). Denn selbst wenn in einer Gesellschaft diese Verbindung sehr eng ist, macht es die theoretische Trennung zunächst einmal möglich, die Bedürfnisse der Kinder aus deren Sicht zu thematisieren und zu formulieren, aber gleichzeitig auch aus Sicht beider Eltern die Frage zu stellen, wie diese Fürsorge für Kinder in ihre persönlichen und individuellen Lebensziele eingefügt werden kann.

Dabei liegt es nahe, die zeitliche Dimension von Fürsorge sowohl im alltäglichen Umgang mit Kindern wie auch im Lebensverlauf miteinander zu verknüpfen. Denn die Zeit der Fürsorge für Kinder kann erheblich mit der Erreichung anderer Lebensziele konfligieren, wie das von Myrdal und Klein entwickelte Drei-Phasenmodell des Lebensverlaufs zur Integration von Fürsorge und beruflicher Entwicklung eindrücklich gezeigt hat. Schon in den 1950er-Jahren hatten die beiden schwedischen Autorinnen die Idee entwickelt, das Leben in drei Phasen zu unterteilen, nämlich in der ersten Phase die Ausbildung und der Berufseintritt, dann die Fürsorge für Kinder und danach der Wiedereintritt in den Beruf. Dieses sequenzielle Modell hat aber zur Konsequenz, dass die Mütter, die es leben, in der Fürsorgezeit ökonomisch vom Mann abhängig sind, keine eigene Alterssicherung aufbauen können und dass zudem nach dem Wiedereinstieg häufig ein Abstieg bei den beruflichen Aufgaben zu beobachten ist (Krüger 2003).

Zur Lösung dieses Problems hat der Siebte Familienbericht das einkommensabhängige Elterngeld für die auf persönlicher Bindung basierende Fürsorge vorgeschlagen, das sich in der Höhe am bisherigen Einkommen orientiert und in der ursprünglichen Konzeption auch der Höhe des Arbeitslosengeldes entsprach. Damit war diese Form der Fürsorge der beruflichen Aktivität gleichgestellt; zugleich entfällt die ökonomische Abhängigkeit der Fürsorge leistenden Person vom Partner und die Fürsorge kann genau in der Zeit geleistet werden, in der sie für das Kind am notwendigsten ist.

Durch die theoretische Trennung von bindungsorientierter Fürsorgeleistung und Mutterrolle ist es theoretisch wie politisch einfach, auch den Vater so in das Modell einzubeziehen, dass er genauso viel, mehr oder auch weniger Fürsorge dieser Art für seine Kinder leisten kann. In diesem Modell ist die Fürsorgeleistung nicht von vornherein mit einer bestimmten Rollenkonfiguration verknüpft, vielmehr führen politische wie auch individuelle Entscheidungen dazu. Dass die gelebte Alltagsrealität in den meisten Ländern davon weit entfernt ist, muss hier nicht im Einzelnen diskutiert werden.

Daher war es logisch, dass der Siebte Familienbericht nicht die Frage der horizontalen Gerechtigkeit ins Zentrum der Diskussion gestellt hat, die im Fünften Familienbericht als zentrales Thema betrachtet wurde, weil die Familien durch diese bindungsorientierte Fürsorge Leistungen für die Gesellschaft erbringen, die in irgendeiner Weise auch ökonomisch zu unterstützen sind. Hingegen hat der Siebte Familienbericht im wesentlichen Fragen der Zeitpolitik thematisiert, und zwar sowohl in der Alltagszeit wie in der Lebenszeit. Daraus ergibt sich auch das starke Plädoyer für den Ausbau der Infrastruktur für Bildungs- und Betreuungsangebote für Kinder, weil sich aus der Sicht der damaligen Kommission nur so die einzelnen Lebensziele der Eltern außerhalb der Familie, ob im Beruf oder im zivilgesellschaftlichen Bereich, realisieren lassen und die hinlänglich dokumentierten Nachteile des Drei-Phasenmodells vermieden werden können.

Genese der Rushhour und ihre Überwindung

Mit der „Rushhour des Lebens" ist die Phase zwischen dem 27./28. und dem 40. bis 45. Lebensjahr gemeint. Nach Abschluss ihrer Ausbildung und den ersten Versuchen, beruflich Fuß zu fassen, müssen die jungen Erwachsenen für sich selbst eine Lebensperspektive entwickeln, die ökonomisch tragfähig ist – und wenn sie in einer Partnerschaft leben, gilt das auch in Bezug auf ihren Partner – und die zudem ihren Vorstellungen und Interessen entspricht. Wenn sie sich für Kinder entscheiden, müssen sie sich auch mit der Partnerschaft festlegen und eine gemeinsame Berufs- und Lebensperspektive entwickeln. Die Entscheidung für Kinder fällt auch in diese Lebensphase; zudem müssen sie sicherstellen, dass ihre Kinder den gestiegenen Anforderungen an ihre Qualifikation im Bildungsbereich gewachsen sind.

Diese Elemente mussten die Erwachsenen auch in der Industriegesellschaft bewältigen, aber mit entscheidenden Unterschieden: Ein Facharbeiter konnte seine ökonomische Selbstständigkeit in der Regel mit dem 21. bis 23. Lebensjahr erreichen, und sein Einkommen mit 25 bis 26 Jahren entsprach in etwa dem Einkommen eines Facharbeiters heute mit 40 Jahren (Bertram u.a. 2011). Das durchschnittliche Heiratsalter lag Anfang der 1970er-Jahre bei 23 bis 24 Jahren und das Alter der Mütter bei der Geburt des letzten (dritten) Kindes bei etwa 34 Jahren. Die Familie in der Industriegesellschaft hatte also im Durchschnitt für die Etablierung des Vaters im Beruf nur einen kurzen Zeitraum, nämlich bis etwa zum 25. Lebensjahr, um dann aber für Familiengründung bis zur Geburt des letzten Kindes durchschnittlich zehn Jahre Zeit zu haben.

Diese Zeit hat sich heute auf etwa fünf Jahre verkürzt, weil das erstgeborene Kind im Durchschnitt zwischen dem 27. und 29. Lebensjahr der Mütter geboren wird und das letztgeborene Kind – bei drei Kindern – zwischen ihrem 32. und 34. Lebensjahr. Die Zeit zuvor brauchen nun beide Elternteile bei der höheren Qualifikation und den damit längeren Qualifikationsprozessen, um sich im Beruf zu etablieren. Erstens ist der Anteil der klassischen Industrie- und Facharbeiter und auch Handwerker gegenüber den Berufen im Dienstleistungssektor mit teilweise sehr offenen Berufsbiografien deutlich zurückgegangen. Zweitens haben sich selbst in etablierten klassischen Berufsfeldern, etwa im öffentlichen Dienst, die häufig von Frauen gewählt werden, die Berufskarrieren so verändert, dass es nach der Ausbildung nicht mehr in allen Bereichen eine feste Einstiegsmöglichkeit gibt. Gerade in den expansiven sozialen Dienstleistungsbereichen, aber auch im Wissenschaftssystem und in vielen kaufmännischen Dienstleistungsbereichen ist der Berufseinstieg häufig nur noch über Projektarbeit zu bewältigen. Das bedeutet auch, dass der Berufseinstieg unsicher und ohne klare Zukunftsperspektive beginnt. Während die jungen Erwachsenen, die in den 1960er- und 1970er-Jahren ihre Familien gründeten, bis zum 30. Lebensjahr einen Berufswechsel zu bewältigen hatten, sind es heute häufig drei bis vier Wechsel (Hennig 2005).

Nach der Analyse der Berufsbiografien junger Frauen in Ost- und Westdeutschland im öffentlichen Dienst gibt es heute auch hier drei bis vier Jahre Projektarbeit vor einer Dauerstelle (Bertram/Deuflhard 2014). Als eine Konsequenz davon ist beispielsweise die durchschnittliche Kinderzahl bei dieser Frauengruppe von 1,9 Kindern 1991 auf heute 1,5 Kinder zurückgegangen, da jetzt das erste Kind drei bis vier Jahre später geboren wird.

Parallel zur Zunahme der unsicheren Berufseinstiege hat es auch eine Verdichtung der Lebensarbeitszeit gegeben, weil die Lebensarbeitszeit, was lange Zeit politisch gewollt war, systematisch verkürzt wurde (Statistisches Bundesamt 2001; 2015). Ein späterer und unsicherer Berufseintritt bei gleichzeitiger Komprimierung der Lebensarbeitszeit führt notwendigerweise zu einer Verdichtung bei der Entwicklung von Karrierewegen und schließt mehr oder minder aus, in den ersten Berufsjahren die Fürsorgezeit für Kinder angemessen berücksichtigen zu können. Wenn die 30 großen DAX-Konzerne mit der Auswahl ihrer „High Potentials" etwa im 30. Lebensjahr der Kandidaten beginnen, sind etwa gleich viele junge Männer und junge Frauen dabei. Bei den etwa 34- bis 35-Jährigen hat sich die Zahl der jungen Frauen schon auf weniger als ein Drittel verringert, und bei den obersten Führungspositionen mit Mitte 40 gibt es Frauen mit Führungsverantwortung nur noch im unteren einstelligen Prozentbereich (Kearny 2012).

Neben diesen beruflichen Entwicklungsperspektiven ist aber in dieser Lebensphase auch zu berücksichtigen, dass die Entscheidung für Kinder, der Aufbau einer stabilen längeren Partnerschaft und mögliche Wohnortwechsel Teil des Lebensalltags dieser Generation sind, für die sie nur fünf bis sieben Jahre einschließlich ihrer beruflichen Karriere Zeit haben. In dieser Lebensphase entscheidet sich auch für einen großen Teil, ob die Partnerschaft und die Entscheidung für Kinder zu einer dauerhaften stabilen Beziehung führen oder mit Trennung und Scheidung enden. Denn diese erfolgen in der Regel nicht, wenn die Kinder erwachsen sind, sondern in den ersten sieben bis zehn Jahren der Partnerschaft.

Anders als im klassischen industriegesellschaftlichen, arbeitsteiligen Familienmodell setzt das heutige Modell von Fürsorge in einem familiären Kontext aber auch zwei Einkommen voraus, um frei von der Furcht vor relativer Armut zu leben. Zwei Einkommen zu erwirtschaften, bedeutet auch, dass heute insgesamt viel mehr Zeit am Arbeitsmarkt verbracht wird als noch in den 1970er-Jahren. Bezogen auf eine Familie mit zwei Erwachsenen und einem bis drei Kindern liegt die durchschnittliche Wochenarbeitszeit heute bei den Müttern bei etwa 26 Stunden (im Durchschnitt für alle Altersgruppen der Kinder) und bei den Vätern bei etwa 42 Stunden. Die Präsenz am Arbeitsmarkt beträgt also pro Familie 68 Stunden (Eurostat; , zit. n. Bertram 2016).

Zur Evaluation der familienpolitischen Leistungen wurden die Modelle zur Verbesserung der Vereinbarkeit von Familie und Beruf analysiert (Böhmer u.a. 2014). Der modelltheoretische Vorschlag der Autoren läuft darauf hinaus, in dieser Lebensphase die wöchentliche Arbeitszeit der Mütter zu erhöhen, ebenso ihre Erwerbsquote wie auch den Anteil der vollzeitbeschäftigten Mütter (Böhmer u.a. 2014, 225 ff.); gleichzeitig soll die Arbeitszeit der Väter vermindert und der Anteil der vollzeiterwerbstätigen Väter reduziert werden. Im Grundsatz führt dieser Vorschlag, der sich als politischer Vorschlag der 30/30-Stundenwoche wiederfindet, nicht zu einer Entlastung des Zeitkontingents der Eltern, sondern zu einer Umschichtung zwischen Vater und Mutter.

Aus Sicht der betroffenen Eltern ist dieser Vorschlag allerdings ökonomisch nicht rational. Wenn eine Erzieherin pro Stunde 15,– bis 17,– € bekommt und ein Arbeiter in der Kfz-Industrie zwischen 25,– und 27,– €, dann führt ein solches Modell zeitlich gleicher beruflicher Arbeitsteilung zu einer deutlichen Reduktion des Haushaltseinkommens. Wie man davon ausgehen kann, ein reduziertes Haushaltseinkommen könnte den möglichen Zeitstress der Rushhour, der nicht allein durch die Arbeitszeit des Mannes hervorgerufen wird, durch die unterschiedliche Verteilung der Arbeitszeit von Mann und Frau verringern, erschließt sich nicht. Geradezu ärgerlich ist dieser Vorschlag für alleinerziehende Mütter mit kleinen Kindern, denn ihnen nützt die Reduktion der Arbeitszeit des Mannes überhaupt nichts, weil dadurch keine Präsenz des Mannes im Familienalltag erreicht wird, gleichzeitig aber seine ökonomische Leistungsfähigkeit zur Unterstützung von Kindern und Müttern deutlich reduziert ist.

Solche Modelle funktionieren nur dann, wenn beide Partner gleich viel verdienen, eine gleich sichere Arbeitsstelle sowie in etwa die gleichen Arbeitswege und die gleichen Karriereperspektiven haben. Wenn überhaupt, sind diese Voraussetzungen bei Akademiker/innen im öffentlichen Dienst mit unbefristetem Vertrag sicherlich häufiger gegeben als im Durchschnitt der Bevölkerung. Dass ein generalisiertes Modell zur Reduktion von Zeitstress und zur Verbesserung der Vereinbarkeit von Beruf und Familie skizziert wird, das für Mitarbeiter/innen an Instituten und Universitäten sinnvoll erscheint, soll hier nicht bewertet werden, sondern es sollen nur die theoretischen Schwächen des Modells verdeutlicht werden.

Die zentrale theoretische Schwäche dieses Modells liegt darin, dass es davon ausgeht, die Zeit für Kinder sei, wie es die Autoren selbst formulieren, „freie Zeit", also beliebig disponibel. Dabei stützen sie sich auf die neue Haushaltsökonomie des Nobelpreisträgers Gary S. Becker, für den Kinder ein dauerhaftes Konsumgut sind wie ein „Auto" (Becker 1993). Der Nutzen dieses Konsumguts hängt auch vom Aufwand dafür ab: Wenn der Anreiz für Arbeit erhöht wird, reduziert sich in dieser Theorie offenkundig der Nutzen dieses Konsumguts und wird damit zu einer rationalen Güterabwägung. Die zweite Schwäche in diesem Modell liegt in der Annahme, durch den Ausbau der Kinderbetreuung könne die notwendige Fürsorge für Kleinkinder „ausgesourced" werden.

Erstaunlich ist auch, dass sich eine international orientierte Ökonomie hier explizit einem methodologischen Nationalismus hingibt. Es wäre ein Leichtes gewesen, wie es der Siebte Familienbericht gemacht hat, die Ergebnisse der eigenen Modelle mit anderen Ländern zu vergleichen und zu prüfen, ob die hypothetischen Annahmen plausibel sind. Politisch ist ein solches Modell außerordentlich attraktiv, weil die Autoren wissen, dass die Einkommensunterschiede von Männern und Frauen zu einem großen Teil (Fitzenberger 2012; Haupt 2016) den unterschiedlichen Bezahlungen in verschiedenen Branchen mit unterschiedlicher Präsenz von Männern und Frauen geschuldet ist. Das wird dann modelltheoretisch ausgeblendet und zudem noch individuell den Paaren angelastet, weil eine bessere Vereinbarkeit in diesem Modell nur darauf angelegt ist, die Arbeitszeitverteilung zwischen den Partnern auf individueller Ebene zu ändern.

Zeit für Fürsorge im internationalen Vergleich

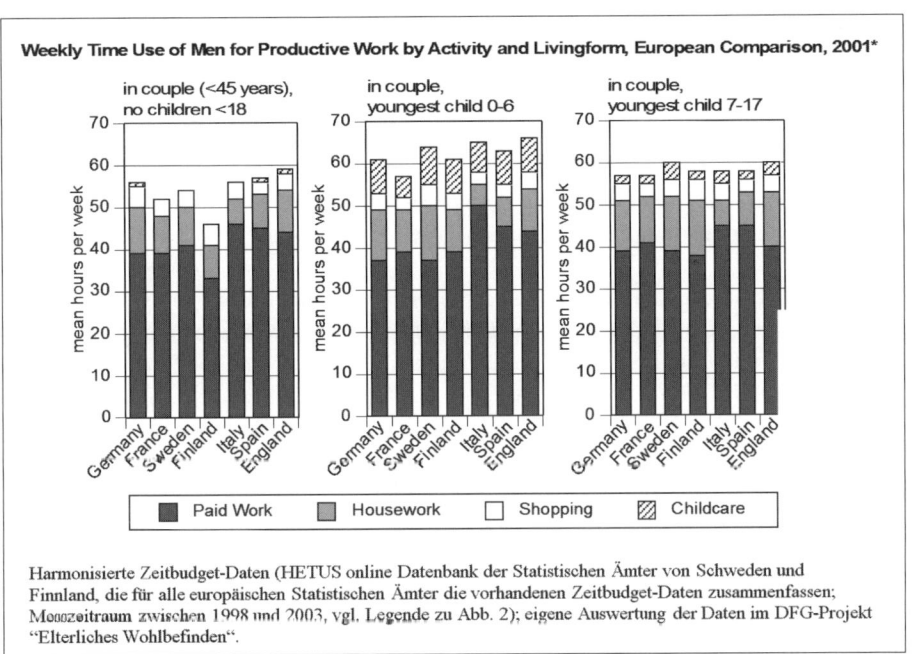

Abb. 1: Wöchentliche Zeit von Männern für produktive Tätigkeit

Auf der Basis international vergleichbarer Zeitbudgetstudien lässt sich zunächst prüfen, ob und inwieweit in Ländern mit einer ausgebauten Betreuungsinfrastruktur und anderen Formen der Erwerbsbeteiligung die zeitlichen Belastungen in Abhängigkeit vom Lebensalter der Kinder und dem der Eltern im Lebenslauf gleich oder unterschiedlich verteilt sind. Bei diesen internationalen Vergleichen ist auch sehr gut zu prüfen, ob die zeitliche Belastung von Männern und Frauen in diesen Ländern bei unterschiedlicher Erwerbsbeteiligung unterschiedlich oder gleich ausfällt. Solche Zeitbudgetstudien sind ein altes Instrument der amtlichen Statistik, sodass sich, wie etwa Bianchi gezeigt hat, die Vergleiche bis in die 1960er-Jahre durchführen lassen (Bianchi u.a. 2006).

Im Vergleich unterschiedlicher Aktivitäten und Lebensformen arbeiten zu Beginn des neuen Jahrtausends deutsche Männer ohne Kinder etwa 40 Arbeitsstunden pro Woche und damit deutlich weniger als italienische, spanische und englische Männer (vgl. Abb. 1). Die Definition von produktiver Tätigkeit schließen sich Zagheni u.a. an und bezeichnen alle Tätigkeiten, die grundsätzlich über den Markt abgewickelt werden können, als produktiv, selbst wenn sie nicht bezahlt werden (Zagheni u.a. 2015). Auf diese Weise wird die zeitliche Belastung sichtbar, die der Einzelne für seine Reproduktion und seine ökonomische Existenzsicherung aufwendet. Französische und schwedische Männer arbeiten etwa so viel wie deutsche Männer über 45 Jahren ohne Kinder.

Mit Kindern zwischen null und sechs Jahren arbeiten deutsche Männer etwa so viel wie die Väter in Finnland, während die schwedischen und italienischen Männer deutlich mehr arbeiten. In Schweden ist die Beteiligung an der häuslichen Arbeit größer und die berufliche Arbeitszeit etwa so hoch wie in Deutschland. In Italien ist ähnlich wie auch in Spanien die berufliche Arbeitszeit sehr hoch, jedoch die Beteiligung an der häuslichen Arbeit sehr niedrig. Frankreich weist bei den Männern mit Kindern zwischen null und sechs Jahren in etwa die gleiche berufliche Arbeitszeit auf wie Deutschland, aber eine deutlich geringere Beteiligung an der häuslichen Arbeit.

Mit Kindern ab sieben Jahren verringert sich bei allen Männern mit Kindern die Zeit für die Unterstützung der Kinder, hingegen gleichen sich die Arbeitszeiten im Haushalt und im Beruf insgesamt an; dabei bleiben die Unterschiede der Verteilung zwischen Beruf und Hausarbeit im Grundsatz erhalten.

Die beiden südeuropäischen Länder Spanien und Italien weisen eine hohe berufliche Arbeitszeit aus, hingegen die nordeuropäischen Länder eher eine geringere berufliche Arbeitszeit und mehr Hausarbeitszeit. Für die Männer ist zunächst jedenfalls festzustellen, dass der größte Zeitgewinn in allen hier untersuchten Ländern dann besteht, wenn keine Kinder im Haushalt sind. Die größte zeitliche Belastung entsteht bei Kindern bis zu sechs Jahren, während sich ab dem Schuleintritt der Zeitaufwand für Kinder bei den Männern offenkundig deutlich reduziert.

Abb. 2 zeigt diese Informationen in gleicher Weise für die Frauen. Mütter mit kleinen Kindern bis zu sechs Jahren arbeiten in den nordeuropäischen Ländern, in Frankreich und in Deutschland im Durchschnitt 60 Stunden, in Italien und Spanien fast 70 Stunden und in England rund 65 Stunden. Deutsche Mütter mit Kleinkindern, dies allerdings nur im Jahre 2001, sind mit zehn Stunden Arbeitszeit deutlich weniger beruflich tätig als die finnischen Mütter mit etwa 15 Stunden und die französischen und schwedischen Mütter mit rund 17 bis 18 Stunden. Ähnliche Arbeitszeiten haben auch die italienischen, spanischen und englischen Mütter. In den hier untersuchten europäischen Ländern ist die berufliche Beschäftigung völlig unabhängig von den jeweiligen sozialpolitischen Maßnahmen nur etwa halb so hoch wie bei den Müttern mit Kindern zwischen sieben und 17 Jahren.

Sind die Kinder aus dem Haus (Frauen älter als 45 Jahre und kein Kind unter 18 Jahren im Haushalt), steigt die berufliche Beschäftigungsquote in Deutschland noch einmal auf über 30 Stunden an, wie auch in Südeuropa und England. In Frankreich ist die Arbeitszeit dieser Gruppe im Durchschnitt geringer als in Deutschland, wie im Übrigen auch in Finnland. In allen untersuchten europäischen Ländern liegt aber die berufliche Arbeitszeit von Müttern mit Kindern unter sechs Jahren erheblich unter der Arbeitszeit der Männer mit Kindern unter sechs Jahren; mit dem zunehmenden Lebensalter der Kinder nimmt in allen untersuchten Ländern die berufliche Arbeitszeit der Frauen zu. Das ist kein deutsches Muster, sondern findet sich in Nordeuropa ebenso wie in Frankreich, England und Schweden. Das ist auch plausibel, weil die Fürsorgeaufgaben für Kinder bis zum sechsten Lebensjahr in allen Ländern zwischen rund 15 Stunden in Frankreich und 20 Stunden in Italien, England und Deutschland schwanken; die anderen Länder liegen zeitlich dazwischen. Dazu kommt die Hausarbeit, die besonders in Italien stark ausgeprägt ist, während die Variationen in den anderen Ländern recht gering sind.

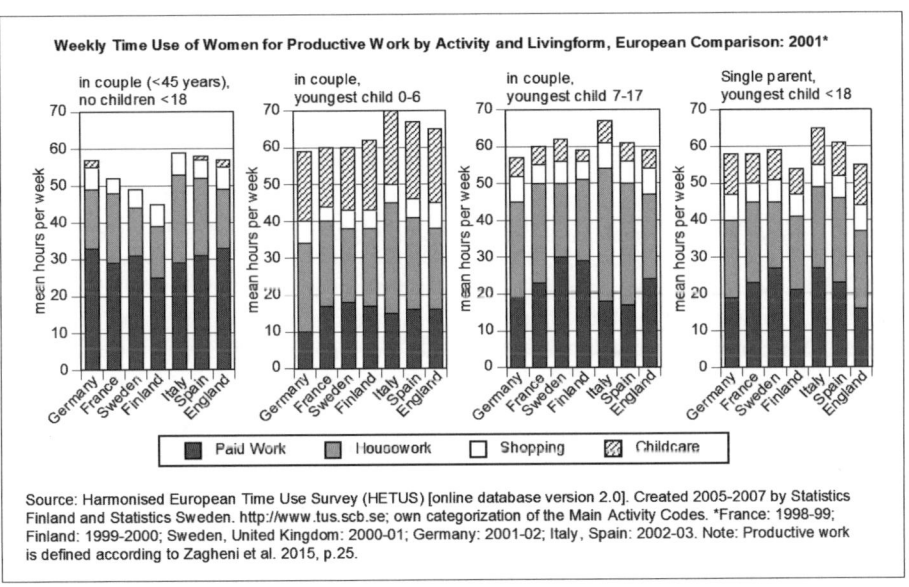

Abb. 2: Wöchentliche Zeit von Frauen für produktive Tätigkeit

Bei Frauen mit Kindern unter sechs Jahren sinkt die Erwerbsarbeitszeit (im Jahre 2001) in Deutschland auf knapp zehn Stunden, doch liegt die gesamte zeitliche Belastung bei 60 Stunden, von denen 50 Stunden für Haushalt, Einkaufen und Kinderbetreuung aufgewandt werden. In dieser Gruppe liegt die Erwerbsarbeitszeit bei den französischen, schwedischen und finnischen Frauen bei rund 17 bis 18 Stunden, die bei den anderen Tätigkeiten eingespart werden. Wiederum haben die italienischen, spanischen und englischen Frauen hier die höchste zeitliche Belastung, weil sich deren berufliche Tätigkeit fast in der Höhe der Nordeuropäerinnen und Französinnen bewegt, sie aber für Haushalt und Kinderbetreuung noch erheblich mehr Zeit aufwenden.

Ähnlich wie bei den Männern geht bei Frauen mit Kindern zwischen sieben und 17 Jahren die zeitliche Belastung deutlich zurück und die beruflichen Arbeitszeiten steigen entsprechend, sodass die Reduktion der Kinderbetreuung in allen Ländern in die zunehmende Berufstätigkeit investiert wird. Die höhere berufliche Zeit wird in Schweden und Finnland aber nicht durch die Verkürzung von Hausarbeit oder Einkaufen erzielt, vielmehr ist die Gesamtbelastung mit produktiver Tätigkeit in Schweden gegenüber den deutschen Frauen genau um jene Stunden höher, die mehr am Arbeitsmarkt verbracht werden.

Daher ist zunächst nur festzustellen, dass die stundenmäßig teilweise höhere Arbeitsmarktpräsenz der hier untersuchten Frauen aus Schweden, Finnland und teilweise Frankreich auch Ergebnis der Tatsache ist, dass deren gesamte zeitliche Belastung schlicht höher ist als in Deutschland. Das gilt auch für die schwedischen Männer mit Kindern. Auch bleibt festzuhalten, dass in den hier untersuchten Ländern die zeitliche Belastung der jungen Frauen mit Kindern unter sechs Jahren bei etwa 60 Stunden pro Woche liegt, und das völlig unabhängig vom jeweiligen Ausbau der Infrastruktur für Kinder unter sechs Jahren, und in einigen Ländern Südeuropas noch deutlich darüber. Diese 60 Stunden zeitliche Belastung für produktive Tätigkeit wird im Vergleich zu den Frauen mit älteren Kindern oder ohne Kinder im Wesentlichen durch die Reduktion der Arbeitszeit erbracht. Auch in den Ländern mit einer langen Tradition öffentlicher Betreuung wie Schweden oder mit Tagesmüttern wie Frankreich sind die ersten Lebensjahre unabhängig vom Betreuungsangebot mit einem erheblichen zusätzlichen Zeitaufwand der Mütter für die Betreuung ihrer Kinder gekennzeichnet.

Nicht ganz so ausgeprägt gilt das auch für die Männer mit Kindern: 2001 lag die zeitliche Belastung pro Woche bis zum sechsten Jahr in Deutschland – ähnlich wie bei den Frauen – bei etwas mehr als 60 Stunden und davon entfielen rund 22 Stunden auf produktive nicht bezahlte Arbeit. Die schwedischen Männer haben insgesamt eine etwas höhere zeitliche Belastung und beteiligen sich etwas mehr am Haushalt.

Dieser Vergleich zeigt deutlich, dass ein bestimmtes Zeitkontingent für Kinderbetreuung einfach anfällt, völlig unabhängig davon, wie der jeweilige Staat die Eltern mit Kleinkindern durch zusätzliche Betreuungsangebote unterstützt, selbst wenn Schweden und Frankreich in Deutschland als Vorbild für den Ausbau der Infrastruktur für Kinder gelten.

Die Daten machen jedenfalls deutlich, dass staatliche Infrastrukturangebote für die zeitliche Belastung von Müttern und Vätern mit Kleinkindern eine untergeordnete Rolle spielen. Denn in Deutschland mit einer damals nicht besonders guten Infrastruktur ist die zeitliche Belastung vergleichbar mit den Ländern, deren Infrastruktur seit Langem als vorzüglich gilt. Wer selbst Kinder großgezogen hat, findet diese Ergebnisse nicht überraschend. Denn im Gegensatz zur Vorstellung, die Zeit mit Kindern sei „frei", nämlich beliebig disponierbar, ist die Zeit mit kleinen Kindern dadurch gekennzeichnet, dass der Zeittakt der kindlichen Bedürfnisse bei Tag wie bei Nacht den Zeitrhythmus der Eltern beeinflusst und der Einfluss der Eltern auf diese kindlichen Bedürfnisstrukturen und den kindlichen Zeitrhythmus in der Regel bescheiden ist.

Erst mit zunehmender Selbstständigkeit der Kinder ändert sich die Situation, was bei den Kindern über sechs Jahren erkennbar wird. Die Analyse dieser Zeitkontingente nach dem Alter der Kinder zeigt deutlich, dass in allen hier untersuchten europäischen Ländern der Zeitaufwand nur für Fürsorge für Kinder im ersten Lebensjahr bei fast 60 Stunden liegt und dann zwischen dem dritten und fünften Lebensjahr deutlich absinkt. Die zeitliche Höchstbelastung durch Kinderbetreuung, und das für Männer wie für Frauen, liegt in Deutschland, Schweden und Finnland zwischen dem 30. und 35. Jahr, also genau in der Lebensphase, in der auch die Weichen für Karrieren in qualifizierten Berufen gestellt werden.

Daran wird vor allem eine Tatsache deutlich: In der Zeit zwischen dem 30. und 35. Lebensjahr kumulieren die zeitlichen Belastungen im familiären Bereich mit Kleinkindern und die beruflichen Erwartungen, sich gegen Mitbewerber/innen bei qualifizierten Positionen durchzusetzen. So wünschenswert eine bessere Gleichverteilung der Arbeit zwischen Männern und Frauen sein mag, so ändert die Arbeitsteilung innerhalb des Haushalts nichts an dieser zeitlichen Kumulation von Fürsorge für Kinder, Haushaltstätigkeit und beruflichen Erwartungen. Zudem wird aus der Sicht der Paare die aktuelle zeitliche Belastung wechselseitig als relativ fair angesehen, weil beide insgesamt eine ähnliche Zeitbelastung aufweisen und sie bei dieser Arbeitsteilung auch ein maximales Einkommen erzielen, weil derjenige besonders präsent am Arbeitsmarkt ist, der das höhere Einkommen hat.

Wer also unter einer politischen Perspektive eine größere Präsenz der Mütter mit Kindern am Arbeitsmarkt und auch mehr Führungspositionen für sie erreichen will, muss die strukturellen Einkommensunterschiede zwischen den Berufen, in denen Männer dominant sind, und den Berufen, in denen Frauen dominant sind (Gender Pay Gap), verkleinern. Auf diesen Aspekt hat aber die Familienpolitik einen außerordentlich begrenzten Einfluss, denn das entscheidet entweder die Tarifpolitik zwischen Arbeitgebern und Gewerkschaften oder wird im öffentlichen Dienst im Wesentlichen durch Innenminister/in und Finanzminister/in bestimmt; die Tarifkonflikte um die Bezahlung von Erzieherinnen sind dafür ein beredtes Beispiel.

Eine mögliche Lösung: Kombination von Zeitsequenzen und flexiblen Arbeitszeiten im Lebenslauf

Zwischen 2001 und 2013 hat sich die zeitliche Belastung für Mütter und Väter deutlich geändert (vgl. Abb. 3). Betrug die zeitliche Belastung für den unbezahlten Bereich bei den Frauen über 30 Jahren etwa 40 Wochenstunden mit einem leichten Rückgang auf 35 Stunden um das 50. Lebensjahr, so ist die zeitliche Belastung zwischen 30 und 35 Jahren mit etwa 40 Wochenstunden gleich geblieben; bis zum 55. Lebensjahr sinkt sie auf weniger als 30 Stunden und bleibt dann in etwa in dieser Höhe. Dafür ist die zeitliche Belastung der Männer im unbezahlten Bereich etwas größer geworden mit etwa 20 Wochenstunden mit 30 Jahren und bleibt bis etwa zum 60. Lebensjahr bei 17 bis 18 Stunden, um danach noch einmal deutlich zu steigen.

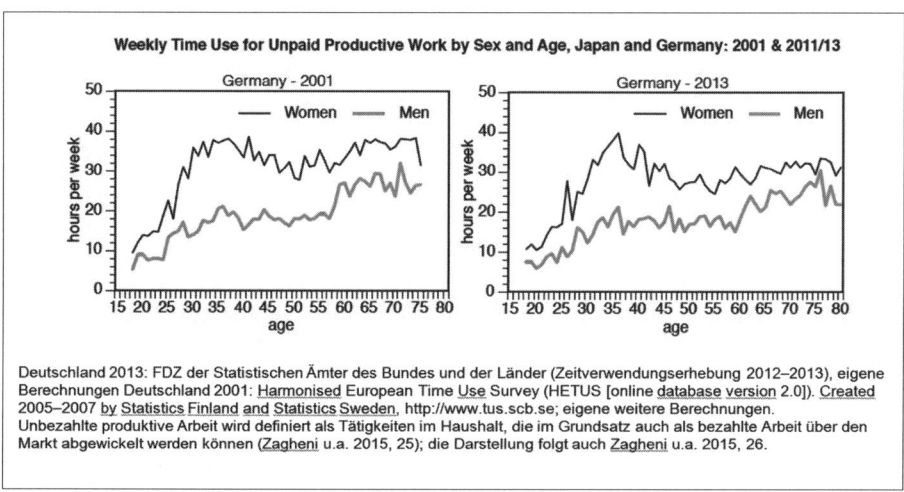

Abb. 3: Produktive (unbezahlte) Tätigkeit außerhalb des Arbeitsmarkts im Lebenslauf

Die Kurve von 2013 in Deutschland entspricht weitgehend den Verläufen in Dänemark und Schweden, während die südeuropäischen Länder und auch Frankreich einen solchen Rückgang nicht kennen (Statistisches Bundesamt 2015). Dieser Zeitgipfel in Nordeuropa und Deutschland reflektiert die Tatsache, dass in der Phase, in der die Kinder sehr klein sind, bestimmte Arbeiten anfallen, die erledigt werden müssen, und da die Kinder im Lebenslauf nicht beliebig geboren werden können, ist die Chance für eine zeitliche Reduktion dieses Gipfels gering. Bei fortbestehendem Gender Pay Gap wird sich das auch nicht ändern. Die Konsequenzen dieser zeitlichen Belastung fallen aber für verschiedene Gruppen von Familien sehr unterschiedlich aus.

Gut verdienende und gut qualifizierte Paare mit gesicherter beruflicher Position und unbefristetem Arbeitsvertrag können beispielsweise durch die Reduktion der beruflichen Stunden beider ein egalitäres Modell entwickeln, da ihnen dazu alle Ressourcen zur Verfügung stehen. Sie können auch als „Power Couples" beide Karriere machen und sich aufgrund ihrer ökonomischen Ressourcen eine entsprechend große Wohnung leisten, in der auch Platz für die zusätzliche Unterstützung für diese Arbeit besteht (Aupair/ Nanny/Verwandte). Damit stehen ihnen Möglichkeiten offen wie nur einer sehr kleinen Gruppe. Aber auch hier gilt, worauf Anne-Marie Slaughter, Professorin in Princeton und politische Direktorin bei US-Außenministerin Clinton, hingewiesen hat: Selbst bei einem solchen Modell stellt sich die Frage, ob man tatsächlich als überdurchschnittlich erfolgreicher Mensch auf die Begleitung des Aufwachsens seiner Kinder verzichten kann und will (Slaughter 2015). Sie hat sich dagegen entschieden und deswegen die herausgehobene Position aufgegeben.

Hier scheint ein Konflikt auf, der auch die deutsche Literatur beschäftigt. Die beruflichen Erwartungen in Führungspositionen, und das nicht nur bei der obersten Ebene, sondern häufig schon auf der zweiten und dritten Ebene, setzen ein sehr hohes Maß an Flexibilität und Einsatzbereitschaft voraus, etwa bei einem Arztehepaar, bei dem beide als Oberärzt/innen in verschiedenen Kliniken tätig sind. Dann stellt sich die Frage, ob man sich wirklich für Kinder entscheidet, um deren Entwicklung und Erziehung an andere Personen zu delegieren, oder ob man in dieser Zeit der besonders hohen Belastung sein berufliches Engagement nicht doch reduziert. Als Konsequenz bedeutet das aber für Männer wie für Frauen, dass diejenigen, die sich nicht für Kinder entscheiden, genau diese Flexibilität und vollständige Hingabe an die Arbeit erbringen können, die der Arbeitgeber erwartet.

Schon an anderer Stelle wurde darauf verwiesen (Bertram/Deuflhard 2014), dass heute viele qualifizierte junge Männer auf feste Bindungen verzichten und ihre berufliche Karriere auch unabhängig von einer Entscheidung für Partnerschaft und Kinder entwickeln: Von den 30-Jährigen ist heute nur eine Minderheit verheiratet. Wer aber nicht in einer solch privilegierten Position ist, dass beide Partner in gesicherten Positionen etwa gleich viel und überdurchschnittlich verdienen, kann sich solche Modelle wegen der unterschiedlichen Einkommensverteilung und der fehlenden Ressourcen ökonomisch überhaupt nicht leisten.

Besonders deutlich wird diese Problematik bei den Müttern, die ihre Kinder allein erziehen. Weder stehen ihnen die Arbeitsstunden eines Partners im Haushalt zur Verfügung, noch können sie über das zusätzliche Einkommen ihres Partners verfügen. Und in der Regel haben sie auch wenig Chancen, die relativ feststehenden Bedürfnisse ihrer Kinder mit den flexiblen Anforderungen des Berufes in Übereinstimmung zu bringen.

So gut und richtig die politischen Forderungen nach einer möglichst gleichmäßigen Arbeits- und Aufgabenteilung in einer partnerschaftlichen Ehe für Vater und Mutter auch sind, so sehr müssen sich die Familienpolitik und diejenigen, die unter den gegebenen gesellschaftlichen Bedingungen dies als den alleinigen Weg zur stärkeren Teilhabe von Müttern mit Kindern in der Gesellschaft und insbesondere in der Ökonomie interpretieren, auch klarmachen, dass solche Modelle allenfalls für wissenschaftliche Forschungsinstitute, den höheren Dienst oder auch den Lehrerberuf und in manchen Verwaltungen den gewünschten Effekt einer stärkeren Partizipation an der Erwerbsarbeit sicherstellen.

Für alle anderen, die nicht in solchen privilegierten Positionen sind, also etwa Projektarbeit mit befristeter Perspektive machen, sind solche Modelle Idealvorstellungen für „Privilegierte". In Berlin verdient ein Drittel der Akademikerinnen vollbeschäftigt weniger als 1500,– € (Bertram/Deuflhard 2014); Erzieherinnen sind froh, gemeinsam mit dem Partner, der vielleicht als Kfz-Mechaniker arbeitet, über die Runden zu kommen. In USA gibt es längst eine Diskussion über eine zunehmende soziale Ungleichheit zwischen den Lebensformen, da die Ehe vor allem in den oberen Mittelschichten gegenüber den unteren Mittelschichten und der Unterschicht an Bedeutung gewinnt.

Der Siebte Familienbericht hat eine ganz andere Lösung vorgeschlagen. Davon ausgehend, dass die Fürsorge für Kinder eben keine freie Zeit ist, sondern ein fester Zeitraum im Lebenslauf zwischen dem 30. und 40. Lebensjahr mit etwa 50 bis 60 Stunden, der mit zunehmendem Alter der Kinder sinkt, ist zu fragen, ob sich nicht auf Dauer die Lebenszeit im Lebenslauf von Männern und Frauen so umorganisieren lässt, dass nicht nur höhere Beamte und Mitarbeiter/innen von Forschungseinrichtungen die Möglichkeit zu egalitären Modelle haben. Das zentrale Problem ist in der Fehleinschätzung der Ökonomen angelegt, die Fürsorgezeit als „freie Zeit" zu interpretieren. Das lässt sich eigentlich nur lösen, indem geprüft wird, wie sich Berufswege und Karrieremuster so ändern lassen, dass die Fürsorge für andere in die berufliche Lebenszeit eingebettet werden kann, ohne dafür Nachteile in Kauf zu nehmen. Da der Staat in vielen Berufen, vor allem bei den häufig von jungen Frauen gewählten Berufen, ein Quasimonopol bei Berufsausbildung und Berufskarrieren und der Definition des Einkommens hat, soll das an diesen Berufen verdeutlicht werden. Das gilt aber natürlich für andere Berufsbereiche in gleicher Weise.

Viele junge Mädchen finden es herausfordernd, nach Realschulabschluss oder Abitur beruflich etwas mit anderen Menschen zu tun, und entscheiden sich für den Beruf der Erzieherin oder andere Tätigkeiten in den sozialen Dienstleistungen. Diese Berufe kennen in der Regel nur den Fachschulabschluss mit dem Berufseintritt mit 22 bis 23 Jahren; sie sind spannend, aufregend und gesellschaftlich von großer Bedeutung, jedoch in ihrer Berufsstruktur so angelegt, dass es keine weiteren Karrieremöglichkeiten gibt.

Der frühere niederländische Ministerpräsident Kok (2005) hat in einem Grünbuch für die Europäische Union vorgeschlagen, die Möglichkeit zu schaffen, im Lebenslauf immer wieder neu zu lernen, etwa ein oder zwei Jahre, und diese angesichts der langen Lebenszeit „hinten" anzuhängen, sodass man nicht mit 65 Jahren in Rente geht, sondern mit 67 oder auch 70 Jahren. Übertragen auf die Berufe im sozialen Dienstleistungsbereich könnte ein solches Modell bedeuten, fünf oder acht Jahre den Beruf auszuüben, dann die Möglichkeit für einen Bachelorabschluss zu bekommen, um als Lehrerin weiterzuarbeiten; fünf oder zehn Jahre später macht man möglicherweise noch einen Masterabschluss, der eine oder die andere wird danach noch promovieren, um an einer Hochschule als Professor/in zu unterrichten oder Richter/in zu werden. Es gibt keinen rationalen Grund dafür, sämtliche Qualifikationen für das ganze spätere Leben und die späteren Berufsverläufe zu Beginn in der Erstausbildung zu absolvieren.

Der Effekt eines solchen Modells ist gut nachvollziehbar. Wenn es nicht mehr darauf ankommt, alle Qualifikationen für die spätere Berufskarriere, einschließlich Trainee- und sonstiger Programme, zwischen dem 28. und 35. Jahr zu absolvieren, sondern dies im Lebenslauf verteilt einbauen zu können, dann ist auch die Möglichkeit gegeben, Zeiten für Kinder in den Lebenslauf zu integrieren und damit auch die hohen zeitlichen Belastungen in bestimmten Zeiten zu steuern. Auch werden solche Modelle viel schneller dazu beitragen, den Gender Pay Gap abzubauen, als die angestrebte Vollerwerbstätigkeit aller Mütter, denn Letztere hebt die strukturelle Ungleichheit zwischen den Berufen nicht auf. In einem solchen Modell stellt der Wechsel von der Erzieherin zur späteren Richterin kein Problem dar.

Allerdings muss dazu auch angemerkt werden, dass diese Modelle nur funktionieren, wenn beide Eltern zusammenleben und sich auch wechselseitig unterstützen können. Zur Vermeidung ökonomischer Diskriminierung, die auch in einem solchen Modell gegenüber Alleinerziehenden dadurch entsteht, dass das Einkommen und auch die Zeit des Partners nicht zur Verfügung stehen, gilt daher, dass diese Wahl ökonomisch abgesichert werden muss. Am effizientesten ist das in einem so vielfältigen Lebenslauf eigentlich nur durch die Kindergrundsicherung zu erreichen: Lebensverlauf und Lebensplanung können auch dann mit den eigenen Lebenszielen in Übereinstimmung gebracht werden, wenn das eigene Einkommen nicht so hoch ist, weil die Sicherheit besteht, dass die Kinder ökonomisch abgesichert sind.

> Aus dieser Perspektive ergibt sich, dass die vom Siebten Familienbericht vorgeschlagene Trias von Zeitpolitik, Geldpolitik und Infrastruktur noch einmal daraufhin überprüft werden muss, inwieweit eine Zeitpolitik auch Lebenszeitpolitik sein muss. Diese Lebenszeitpolitik müsste auch die berufliche Entwicklung einschließen, die finanzielle Unterstützung müsste so organisiert sein, dass die Menschen ihre Lebensziele in verschiedenen Lebensformen in gleicher Weise realisieren können, und auch die Infrastruktur müsste sich an diesen Zeitmustern orientieren, etwa mit dem Ausbau der Ganztagsschule.

Literatur

Baum, M./Westerkamp, A. (1931): Rhythmus des Familienlebens. Das von einer Familie täglich zu leistende Arbeitspensum, Berlin.

Beck, U. (1986; 22. Aufl. 2015): Risikogesellschaft. Auf dem Weg in eine andere Moderne, Frankfurt a.M.

Becker, G. S. (1993): A Treatise on the Family: Enlarged Edition, Cambridge MA.

Bertram, H. (2007): Konzept und zentrale Ergebnisse des Siebten Familienberichts, in: Bildungs- und Sozialberichterstattung, Heidelberg.

Bertram, H. (2016): Kinder der Krise, Stuttgart (in Vorbereitung).

Bertram, H./Bujard, M./Rösler, W. (2011): Rush-Hour des Lebens: Geburtenaufschub, Einkommensverläufe und Familienpolitische Perspektiven, in: Journal für Reproduktionsmedizin und Endokrinologie, 8, S. 91–99.

Bertram, H./Deuflhard, C. (2014): Die überforderte Generation: Arbeit und Familie in der Wissensgesellschaft, Opladen.

Bertram, H./Krüger, H. u.a. (2006): Siebter Familienbericht. Familie zwischen Flexibilität und Verlässlichkeit. Perspektiven für eine lebenslaufbezogene Familienpolitik. Hrsg.v. Bundesministerium für Familie, Senioren, Frauen und Jugend, Berlin.

Bianchi, S. M./Robinson, J. P./Milkie, M. A. (2006): Changing Rhythms of American Family Life, New York.

Böhmer, M. u.a. (2014): Gesamtevaluation der ehe- und familienbezogenen Maßnahmen und Leistungen in Deutschland, Berlin.

Castles, F. G. (1993): Families of Nations: Pattern of Public Policy in Western Democracies, Hanover NH.

Castles, F. G. (2003): The World Turned Upside Down. Below Replacement Fertility, Changing Preferences and Family-Friendly Public Policy in 21 OECD Countries, in: European Journal of Social Policy 13, 3, S. 209–227.

Fitzenberger, B. (2012): Expertise zur Entwicklung der Lohnungleichheit in Deutschland. Arbeitspapier, Sachverständigenrat zur Begutachtung der gesamtwirtschaftlichen Entwicklung, No. 04/2012.

Friedeburg, L. v. (1971): Jugend in der modernen Gesellschaft, Stuttgart.

Haupt, A. (2016): Berufe und der Anstieg der Lohnungleichheit in Deutschland, in: Zugang zu Berufen und Lohnungleichheit in Deutschland, Wiesbaden.

Hennig, M. (2005): Wandel des Erwachsenwerdens und der Familiengründung in Deutschland, Stuttgart.

Hochschild, A. R. (1989): The Second Shift. Working Parents and the Revolution At Home, New York.

Kearny, A. T. (2012): Analyse der Karriere-Pfade, München.

Kok, W. (2005): Grünbuch. Angesichts des demografischen Wandels – eine neue Solidarität zwischen den Generationen, Brüssel.

Krüger, H. (2003): Professionalisierung von Frauenberufen oder Männer für Frauenberufe interessieren? Das Doppelgesicht des arbeitsmarktlichen Geschlechtersystems, Wiesbaden.

NICHD – Early Child Care Research Network (2005): Child Care and Child Development: Results From the NICHD Study of Early Child Care and Youth Development, London.

Parsons, T./Bales, R. F. (1953): Family, Socialization and Interaction Process, New York.

Pfeil, E. (1961): Die Berufstätigkeit von Müttern: Eine empirisch-soziologische Erhebung an 900 Müttern aus vollständigen Familien, Tübingen.

Sennett, R. (1998): Der flexible Mensch. Die Kultur des neuen Kapitalismus, Berlin.

Shonkoff, J./Phillips, D. (Hrsg.) (2000): From Neurons to Neighborhoods. The Science of Early Childhood Development, Washington D.C.

Slaughter, A.-M. (2015): Unfinished Business: Women – Men – Work – Family, New York.

Statistisches Bundesamt (2001): Wo bleibt die Zeit?, Wiesbaden.

Statistisches Bundesamt (2015): Zeitverwendungserhebung; Aktivitätsdaten in Stunden und Minuten für ausgewählte Personengruppen, Wiebaden.

Waldfogel, J. (2010): What Children Need. The Family and Public Policy, Cambridge MA.

Wingen, M. (1964): Familienpolitik. Ziele, Wege und Wirkungen, Paderborn.

Wingen, M. (1969): Freiheit und Ordnung. Nr. 66. Familienpolitik vor neuen Aufgaben, Mannheim.

Zagheni, E./Zannella, M./Movsesyan, G./Wagner, B. (2014): A Comparative Analysis of European Time Transfers Between Generations and Genders, Wiesbaden.

Christine Stüben

Das Gesetz zur besseren Vereinbarkeit von Familie, Pflege und Beruf – ein Blick auf das erste Jahr nach Inkrafttreten der neuen Regelungen

Mit dem Gesetz zur besseren Vereinbarkeit von Familie, Pflege und Beruf (BGBl. I 2014, 2462) sind auch in Umsetzung des Koalitionsvertrags[1] neue Regelungen in Kraft getreten. Die bisherigen Regelungen des Pflegezeitgesetzes und des Familienpflegezeitgesetzes wurden besser miteinander verzahnt und weiterentwickelt.

Die Lebenserwartung der Menschen in Deutschland steigt. Nach Angaben des Statistischen Bundesamtes vom März 2016 hat sich die Lebenserwartung der Neugeborenen in den letzten zehn Jahren bei den Jungen um zwei Jahre und drei Monate, bei den Mädchen um ein Jahr und sechs Monate erhöht (Statistisches Bundesamt 2016). Die Menschen in Deutschland werden immer älter und gerade die Hochaltrigkeit birgt das Risiko von Pflegebedürftigkeit. In Deutschland leben rund 2,63 Millionen Pflegebedürftige; rund 1,86 Millionen Pflegebedürftige werden ambulant versorgt (Statistisches Bundesamt 2015, 5). Der Barmer GEK Pflegereport 2015 geht davon aus, dass die Zahl der Pflegebedürftigen künftig stärker als bislang erwartet steigen wird. So würden im Jahr 2060 geschätzt 4,52 Millionen Menschen gepflegt werden. Das seien 221.000 mehr, als bisherige Prognosen erwarten ließen (Barmer GEK 2015; vgl. zu den Annahmen des Statistischen Bundesamtes: Statistische Ämter des Bundes und der Länder 2010, 27).

Damit wird die Vereinbarkeit von Pflege und Beruf künftig immer mehr an Bedeutung gewinnen. Dies wird auch in der Bevölkerung so gesehen, wie ein im Auftrag des Bundesministeriums für Familie, Senioren, Frauen und Jugend (BMFSFJ) durch TNS Emnid im Oktober 2015 eingeholtes Meinungsbild gezeigt hat. Hiernach waren fast alle Bürgerinnen und Bürger der Meinung, dass die Vereinbarkeit von Pflege und Beruf wichtiger wird; fast die Hälfte war der Auffassung, dass diese Thematik sogar viel wichtiger wird.[2]

Eine bessere Vereinbarkeit entspricht den überwiegenden Wünschen der pflegenden Angehörigen wie auch denen der Pflegebedürftigen selbst. Die meisten von ihnen möchten so lange wie möglich in der häuslichen Umgebung bleiben und dort pflegerisch versorgt werden. 65 % aller Berufstätigen halten es für wünschenswert, dass Pflegebedürftige so lange wie möglich durch Angehörige gepflegt werden. Hätten sie

---

1   Koalitionsvertrag zwischen CDU, CSU und SPD „Deutschlands Zukunft gestalten", https://www.bundesregierung.de/Content/DE/StatischeSeiten/Breg/koalitionsvertrag-inhaltsverzeichnis.html (5. März 2016); die Vereinbarkeit von Pflege und Beruf findet sich auf S. 84.
2   Befragung im Auftrag des BMFSFJ durch TNS Emnid vom 15.–20. Oktober 2015 (Stichprobe: 1.000 Personen).

die Wahl, würden 57 % derjenigen, die bisher keine Pflegeaufgaben wahrnehmen, ihre Angehörigen gerne selbst pflegen (Institut für Demoskopie Allensbach 2010). Familiäre Aufgaben sind aber oft nur schwer mit den beruflichen Anforderungen in Einklang zu bringen, wobei auch die praktischen Konsequenzen einbezogen werden müssen. Die Übernahme von Pflegeverantwortung und von häuslicher Pflege ist durch eine hohe Belastung der pflegenden Angehörigen gekennzeichnet. So haben bei einer Befragung etwa 63 % angegeben, über weniger Zeit zu verfügen, 18 % nannten weniger Geld und rund 10 % der Befragten nannten die Teilzeitarbeit (DAK 2015, 39).

Der rechtliche Rahmen für die Vereinbarkeit von Pflege und Beruf

Die wesentlichen Neuregelungen aufgrund des Gesetzes zur besseren Vereinbarkeit von Pflege und Beruf sind:

- die Einführung eines Pflegeunterstützungsgeldes als Lohnersatzleistung für die Zeit der kurzzeitigen Arbeitsverhinderung von bis zu zehn Arbeitstagen,
- die Einführung eines Rechtsanspruchs auf Familienpflegezeit, d.h. auf eine teilweise Freistellung von bis zu 24 Monaten bei einer wöchentlichen Mindestarbeitszeit von 15 Wochenstunden im Durchschnitt eines Jahres,
- die Möglichkeit einer Freistellung für die auch außerhäusliche Betreuung minderjähriger pflegebedürftiger naher Angehöriger nach dem Pflegezeitgesetz und nach dem Familienpflegezeitgesetz,
- die Einführung eines Rechtsanspruchs auf Freistellung für die Begleitung von nahen Angehörigen in der letzten Lebensphase von bis zu drei Monaten,
- die Möglichkeit der direkten Förderung der Beschäftigten durch ein zinsloses Darlehen für die Zeit der Freistellungen zur Abfederung des Lohnausfalls sowie
- die zeitgemäße Weiterentwicklung des Begriffs der „nahen Angehörigen" durch die Einbeziehung von Stiefeltern, von lebenspartnerschaftsähnlichen Gemeinschaften sowie die Einbeziehung von Lebenspartnern der Geschwister und Geschwistern der Lebenspartner.

Dr. Christine Stüben, Ministerialrätin, ist Leiterin des Referates 302 „Familienpflegezeit, Pflegende Angehörige" im Bundesministerium für Familie, Senioren, Frauen und Jugend (BMFSFJ). E-Mail: Christine.Stueben@ bmfsfj.bund.de

Voraussetzung für die Inanspruchnahme der Auszeiten ist das Vorliegen einer Pflegebedürftigkeit nach §§ 14 und 15 Elftes Buch Sozialgesetzbuch (SGB XI); pflegebedürftig im Sinne von § 2 PflegezeitG (kurzzeitige Arbeitsverhinderung) sind auch Personen, die die Voraussetzungen der §§ 14, 15 SGB XI voraussichtlich erfüllen. Nach geltendem Recht ist pflegebedürftig, wer einer der drei Pflegestufen zugeordnet ist. Für Personen der sog. Pflegestufe 0 finden die Vorschriften keine Anwendung.[3] Ab dem 1. Januar 2017 ist pflegebedürftig, wer einem der fünf Pflegegrade zugeordnet ist. Personen, die bisher der sog. Pflegestufe 0 zugeordnet sind, werden dann automatisch in Pflegegrad 2 übergeleitet (§ 140 Absatz 2 Nr. 2 Buchst. a SGB XI i.d.F. am 1.1.2017, BGBl. 2015 I 2424). Ab 1. Januar 2017 können Beschäftigte daher für Personen, die künftig den Pflegegraden 1 bis 5 zugeordnet werden, Auszeiten nach dem Pflegezeitgesetz und nach dem Familienpflegezeitgesetz in Anspruch nehmen, sofern die übrigen Voraussetzungen für die jeweilige Auszeit vorliegen. Hierin einbezogen ist die Gewährung von Pflegeunterstützungsgeld.

Wirksamkeit und Inanspruchnahme der seit 1. Januar 2015 geltenden Regelungen

Immer wieder wird im parlamentarischen Raum wie auch in der Presse die Frage gestellt, ob bzw. inwieweit die neuen Regelungen in Anspruch genommen werden (vgl. für den parlamentarischen Raum etwa BT-Drs. 18/5752 und 18/5880 sowie BT-Drs. 18/7160 und 18/7322). Bei der Inanspruchnahme ist allerdings zwischen den finanziellen Leistungen wie etwa dem Pflegeunterstützungsgeld oder auch der Förderung der Beschäftigten durch ein zinsloses Darlehen auf der einen und den zeitrechtlichen Ansprüchen auf der anderen Seite zu differenzieren. Erfasst bzw. ermittelt werden (bislang) lediglich die finanziellen Auswirkungen der neuen Regelungen.

So sind bis einschließlich des dritten Quartals 2015 für das Pflegeunterstützungsgeld nach § 44a SGB XI knapp 2 Mio. € aus Mitteln der sozialen Pflegeversicherung geflossen. Zahlen für das gesamte Jahr 2015 liegen noch nicht vor. Informationen zu in Anspruch genommenen Tagen, Betragshöhen und Betriebsgrößen liegen ebenfalls nicht vor. Nach Informationen des GKV-Spitzenverbandes wurde zum Stichtag 30. Juni 2015 in 4.552 Fällen ein Pflegeunterstützungsgeld bezogen, sodass für die ersten drei Quartale des Jahres 2015 von bis zu 6.800 Fällen ausgegangen werden kann (BT-Drs. 18/7322, 5).

Darlehen für Freistellungen nach dem Pflegezeitgesetz und nach dem Familienpflegezeitgesetz wurden seit Einführung der neuen Regelungen bis Ende 2015 in 242 Fällen gewährt. In 199 Fällen erfolgte die Darlehensgewährung für eine Freistellung nach dem Pflegezeitgesetz, in 123 Fällen für die Zeit der Freistellung nach dem Familienpflegezeitgesetz (vgl. hierzu auch BT-Drs. 18/7322). 2015 sind insgesamt 313 Anträge auf Gewährung eines zinslosen Darlehens eingegangen. Mit Stichtag 11. Februar 2016 sind 343 Anträge und 260 Bewilligungen zu verzeichnen. Auch wenn die Zahlen gering ausfallen scheinen, so sind im Jahr 2015 Darlehen in Höhe von 1.024.080,24 € bewilligt

---

3   Vgl. hierzu auch den Gesetzentwurf der Bundesregierung, Entwurf eines Gesetzes zur besseren Vereinbarkeit von Familie, Pflege und Beruf, BT-Drs. 18/3124, S. 26, wo darauf verwiesen wird, dass eine Aufnahme der an Demenz erkrankten Personen in den Kreis der pflegebedürftigen nahen Angehörigen im Rahmen der zweiten Stufe der Pflegereform, mit der der Pflegebedürftigkeitsbegriff neu gefasst werden soll, erfolgen wird.

worden; ausbezahlt wurden durch das Bundesamt für Familie und zivilgesellschaftliche Aufgaben (BAFzA) Darlehen in Höhe von insgesamt 648.387,59 € (vgl. BT-Drs. 18/7322).

Die Anzahl der Darlehen lässt allerdings keinen Rückschluss auf die Anzahl der Freistellungen zu. Es wird vielmehr davon ausgegangen, dass die Anzahl der Freistellungen deutlich über der Anzahl der Darlehen liegt. Die Inanspruchnahme der Freistellungen nach dem Pflegezeitgesetz und dem Familienpflegezeitgesetz ist aber nicht meldepflichtig.

Dementsprechend liegen keine amtlichen Zahlen über die Anzahl der Beschäftigten vor, die Freistellungen nach dem Pflegezeitgesetz oder Familienpflegezeitgesetz in Anspruch genommen oder eine Inanspruchnahme gegenüber ihrem Arbeitgeber angekündigt haben.

Weitere Erkenntnisse

Die Wirksamkeit der neuen Regelungen sowie deren Bekanntheitsgrad werden im Auftrag des BMFSFJ seit Ende 2014 bis Ende 2017 durch zwei jährliche telefonische Repräsentativbefragungen seitens TNS Emnid flankiert. Aus der letzten Befragung im Oktober 2015 ergab sich unter anderem, dass die sehr intensiven Maßnahmen der Öffentlichkeitsarbeit wohl dazu geführt haben, dass sich die Hälfte der Befragten (49 %) gut über Entlastungsmöglichkeiten wie eine berufliche Auszeit oder eine Arbeitszeitreduzierung informiert fühlt. Das hohe Interesse in der Bevölkerung belegen auch die hohen Nachfragen nach Flyern und Broschüren, die gestiegenen Zugriffe auf die Seite „wege-zur-pflege.de" oder auch das erhöhte Anrufaufkommen beim Pflegetelefon.[4]

Eine weitere repräsentative Befragung hat gezeigt, dass fast jede Bürgerin und jeder Bürger eine staatliche Unterstützung für Berufstätige befürwortet, die nahe Angehörige zu Hause pflegen. Sechs von sieben abhängig Beschäftigten würden eine berufliche Auszeit für die Pflege eines nahen Angehörigen in Erwägung ziehen, dies gilt vor allem für Frauen. Fast neun von zehn Befragten halten den Anspruch auf Familienpflegezeit für sinnvoll, dies gilt vor allem für die Berufstätigen selbst. Und jeweils mehr als vier von fünf Bürgerinnen und Bürgern befürworten eine berufliche Auszeit zur Pflege von minderjährigen pflegebedürftigen nahen Angehörigen oder zur Begleitung in der letzten Lebensphase.[5]

---

4 Umfragen werden etwa auch durch das Zentrum für Qualität in der Pflege (ZQP) durchgeführt, vgl. etwa die Umfrage zum „Elterngeld" für pflegende Angehörige unter https://www.zqp.de/index.php?pn=press&id=497 (5. März 2016) oder auch zur Kenntnis der neuen Regelungen https://www.zqp.de/index.php?pn=press&id=496 (5. März 2016).
5 Telefonische Repräsentativ-Befragung durch TNS Emnid (15. bis 20. Oktober 2015, 1.000 Personen).

Weitere Schritte auf dem Weg zu einer besseren Vereinbarkeit von Pflege und Beruf

(1) In einem vom BMFSFJ gemeinsam mit der Bundesvereinigung der Arbeitgeberverbände (BDA), dem Deutschen Industrie- und Handelskammertag (DIHK), dem Zentralverband des Deutschen Handwerks (ZDH), dem Deutschen Gewerkschaftsbund (DGB) und dem Erfolgsfaktor Familie veröffentlichten „Memorandum Familie und Arbeitswelt – Die NEUE Vereinbarkeit" wird auch die Vereinbarkeit von Pflege und Beruf thematisiert. Leitsatz 8 stellt klar, dass die Unterstützung von Pflegeverantwortung ein selbstständiger Bestandteil der neuen Vereinbarkeit ist und dass in einer pflegesensiblen Unternehmenskultur Beschäftigte – Männer wie Frauen – ihre Situation offen ansprechen und auf flexible und verlässliche Regelungen zur Unterstützung der Vereinbarkeit von Pflege und Beruf zurückgreifen können (BMFSFJ 2015).

(2) Darüber hinaus ist in § 14 des Familienpflegezeitgesetzes die Einrichtung eines unabhängigen Beirats für die Vereinbarkeit von Pflege und Beruf vorgesehen. Dieser Beirat, der sich am 25. September 2015 konstituiert hat, soll alle vier Jahre, erstmals zum 1. Juni 2019, einen Bericht vorlegen. Der Beirat soll sich mit Fragen zur Vereinbarkeit von Pflege und Beruf befassen und die Umsetzung der einschlägigen gesetzlichen Regelungen begleiten und über deren Auswirkungen beraten. Das BMFSFJ kann dem Beirat Themenstellungen zur Beratung vorgeben. Dazu wird auch die in der Begründung des Gesetzentwurfs enthaltene Frage gehören, wie die Vereinbarkeit von Pflege und Beruf für Personen, die einer geringfügigen Beschäftigung nachgehen, weiter verbessert werden kann (BT-Drs. 18/3124, 39). Der Beirat tagt grundsätzlich zweimal im Jahr. Unterstützt wird der Beirat durch eine Geschäftsstelle, die zu Beginn des Jahres 2016 die Arbeit aufgenommen hat.

(3) Die Beratungsfunktion des „Pflegetelefons" des BMFSFJ wurde zum 1. Januar 2016 durch ein Beratungsangebot in besonderen Belastungs- oder kritischen Situationen ergänzt.[6] Denn viele pflegende Angehörige sind außergewöhnlichen Belastungen ausgesetzt und fühlen sich emotional und körperlich überfordert. So ergaben Befragungen etwa, dass im Schnitt mehr als die Hälfte aller pflegenden Angehörigen von psychischen Leiden betroffen sind (DAK 2015, 24). 50 % gaben in einer Befragung an, dass sie die Pflege als körperlich sehr bzw. eher belastend empfinden (Compass 2015, 23), 52 % der Befragten empfanden Pflege als sozial sehr bzw. eher belastend (ebd., 25). Es besteht daher ein großer Informationsbedarf hinsichtlich vorhandener Entlastungsangebote und Unterstützungsmöglichkeiten.[7]

6 Bis Ende 2015 erstreckte sich das Beratungsangebot in erster Linie auf Leistungen nach dem SGB XI, Wohnformen, Familienpflegezeit, Pflegezeit, kurzzeitige Arbeitsverhinderung und die damit in Zusammenhang stehenden Fragen der Vereinbarkeit von Pflege und Beruf, das Heimrecht in den Bundesländern, die Charta der Rechte der hilfe- und pflegebedürftigen Menschen, Altenpflegegesetz sowie Unterstützungsmöglichkeiten vor Ort.

7 Weitere Informationen finden sich auf der Seite www.wege-zur-pflege.de (17. Februar 2016). Das Beratungsteam des „Pflegetelefons" ist unter der Telefonnummer 030/20179131 von Montag bis Donnerstag zwischen 9 und 18 Uhr erreichbar. Die Beratung erfolgt vertraulich und anonym.

(4) Die Freistellungsmöglichkeiten im Pflegezeitgesetz und Familienpflegezeitgesetz sollen noch im Jahr 2016 im Wesentlichen wirkungsgleich auf Beamtinnen und Beamte des Bundes übertragen werden. Die Federführung liegt beim Bundesministerium des Innern. Es soll ein Rechtsanspruch auf Familienpflegezeit und Pflegezeit eingeführt werden. Beamtinnen und Beamte, die Pflegezeit oder Familienpflegezeit in Anspruch nehmen, sollen einen Vorschuss zur besseren Bewältigung ihres Lebensunterhalts während der (teilweisen) Freistellung erhalten. Die bis zu zehn Arbeitstage dauernde kurzzeitige Arbeitsverhinderung mit der Möglichkeit eines Pflegeunterstützungsgeldes wird in der Sonderurlaubsverordnung geregelt werden.[8]

Ausblick

Ausgehend von den vielfältigen Bedarfen pflegender Angehöriger werden zahlreiche auch nicht legislative Maßnahmen unterschiedlicher Akteure auf unterschiedlichen Ebenen zu prüfen sein. Zunächst wird es sicherlich erforderlich sein, umfassende Erkenntnisse zur Inanspruchnahme der Auszeiten zu erhalten und zu prüfen, welche Möglichkeiten bestehen, über andere Erhebungsinstrumente gegebenenfalls regelmäßig informiert zu werden. Darüber hinaus sind aber auch qualitative Aussagen der Beschäftigten, der Arbeitgeber, Betriebsräte u.a. erforderlich, um ein umfassendes Bild der gegenwärtigen Situation der Vereinbarkeit von Pflege und Beruf zu erhalten. Dazu gehören sicherlich auch Fragen nach der finanziellen Situation von Familien mit pflegebedürftigen nahen Angehörigen, nach einer stärkeren partnerschaftlichen Aufteilung von Pflegeverantwortung, nach der Lage in kleineren und mittleren Betrieben oder auch die Frage nach den Auswirkungen von häuslicher Pflege auf die rentenrechtliche Situation der nahen Angehörigen. Darüber hinaus muss sich der Blick aber auch auf die Rolle der Sozialpartner oder die lokalen und regionalen Strukturen richten.

Es ist davon auszugehen, dass der unabhängige Beirat für die Vereinbarkeit von Pflege und Beruf viele dieser Fragen aufgreifen und in seinem Bericht wertvolle Anregungen für eine Verbesserung der Vereinbarkeit von Pflege und Beruf aufzeigen wird. Denn das Bewusstsein in der Gesellschaft muss dafür geschärft werden, dass die Vereinbarkeit von Pflege und Beruf künftig den gleichen Stellenwert hat wie die Vereinbarkeit von Familie und Beruf.

---

8 Vgl. zur Anwendung auf Bundesbeamtinnen und Bundesbeamte auch das Rundschreiben des BMI vom 10. Juli 2015 (D1 30101/1#4) zum Gesetz zur besseren Vereinbarkeit von Familie, Pflege und Beruf, hier: Auswirkungen auf Beamtinnen und Beamte des Bundes, http://www.verwaltungsvorschriften-im-internet.de/bsvwvbund_10072015_D13010114.html (20. Februar 2016).

Literatur

Barmer GEK (2015): Pflegereport 2015, https://presse.barmer-gek.de/barmer/web/Portale/Presseportal/Subportal/Infothek/Studien-und-Reports/Pflegereport/Pflegereport-2015/Barmer-GEK-Pflegereport-2015.html (5. März 2016).

BMFSFJ – Bundesministerium für Familie, Senioren, Frauen und Jugend (2015): Manuela Schwesig unterzeichnet Leitsätze für „NEUE Vereinbarkeit" von Familie und Beruf, http://www.bmfsfj.de/BMFSFJ/familie,did=219384.html (17. Februar 2016).

Compass (2015): Befragungsergebnisse Pflegeberatung und Belastung Angehöriger, Köln.

DAK (2015): Pflegereport 2015, Hamburg, http://www.dak.de/dak/download/Pflegereport_2015-1701160.pdf (10. März 2016).

Institut für Demoskopie Allensbach (2010): Vereinbarkeit von Pflege und Beruf. Eine repräsentative Bestandsaufnahme unter Berufstätigen, im Auftrag des BMFSFJ.

Statistische Ämter des Bundes und der Länder (2010): Demografischer Wandel in Deutschland, Heft 2: Auswirkungen.

Statistisches Bundesamt (2015): Pflegestatistik 2013, Pflege im Rahmen der Pflegeversicherung, Deutschlandergebnisse 2015, https://www.destatis.de/DE/PresseService/Presse/Pressemitteilungen/2015/03/PD15_094_224.html (5. März 2016).

Statistisches Bundesamt (2016): Lebenserwartung für Jungen 78 Jahre, für Mädchen 83 Jahre, Pressemeldung vom 4. März 2016, https://www.destatis.de/DE/PresseService/Presse/Pressemitteilungen/Pressemitteilungen.html (5. März 2016).

Johanna Wenckebach

Neue arbeitsrechtliche Ansätze: Wahlarbeitszeit[1]

Als 2001 der Anspruch auf Teilzeitarbeit in Deutschland gegen heftige Widerstände Gesetz wurde, war die Sorge, die Wirtschaft könne Schaden nehmen, groß. Genannt wurden etwa Kosten für Arbeitgeber, Bürokratisierung der betrieblichen Abläufe, Rechtsunsicherheit (siehe nur Kliemt 2001). Zwölf Jahre später sind 28 % aller Arbeitsplätze in Deutschland Teilzeitstellen, mehr als 10 Mio. Beschäftigte arbeiten in Teilzeit.[2] Warum sollte man also nicht das Arbeitszeitrecht erneut weiterdenken? Vor allem unter dem Stichwort der lebensphasenorientierten Arbeitszeitregulierung liegen aktuell verschiedene Gesetzvorhaben vor, um arbeitsrechtliche Ansprüche von Beschäftigten auf Zeitautonomie auszubauen. Die Kommission für Arbeits- und Wirtschaftsrecht des Deutschen Juristinnenbundes (djb) hat einen Vorschlag für ein Wahlarbeitszeitgesetz gemacht, um die rechtspolitische Diskussion um Arbeitszeit zu erweitern und zu konkretisieren. Der Gesetzesvorschlag wird hier im Kontext aktueller Debatten erläutert.

„Arbeiten 4.0"

Unter dem Stichwort „Arbeitswelt 4.0" werden die Auswirkungen neuer technischer Entwicklungen als Chancen und Risiken für Beschäftigte und Unternehmen diskutiert – insbesondere auch im Hinblick auf Arbeitszeiten (BMAS 2015). Arbeitszeiten am Abend, in der Nacht und am Wochenende haben an Bedeutung gewonnen (ebd., 49). Für viele Beschäftigte bedeutet „flexibler" zu arbeiten somit nicht etwa, dass sie mehr Gestaltungsspielraum gewinnen, sondern (auch), dass ihre Arbeitszeit weniger planbar wird. Das ist gerade für Familien, in denen die Lebenstakte verschiedener Menschen aufeinander abgestimmt werden müssen, ein erheblicher Stressfaktor.

Untersuchungen dazu, welche Auswirkungen die Veränderungen der Arbeitswelt auf die – insbesondere auch psychische – Gesundheit der Beschäftigten haben, werden erst begonnen. Es liegen beispielsweise Ergebnisse dazu vor, dass die erhöhte Erreichbarkeit von Beschäftigten zu mehr Konflikten von Arbeit und Privatleben, aber auch zu gesundheitlichen Folgen wie Schlafstörungen und Burnout führen (vgl. Pangert/Schüpbach 2013). Arbeitszeitregulierung ist somit auch eine Frage des Gesundheitsschutzes.

---

[1] Das Konzept der Wahlarbeitszeit, das die Autorin hier vorstellt, wurde durch die Kommission für Arbeits- und Wirtschaftsrecht des Deutschen Juristinnenbundes (djb) entwickelt.

[2] http://www.faz.net/aktuell/wirtschaft/wirtschaftspolitik/teilzeitarbeit-in-deutschland-wird-zunehmend-beliebter-13484895.html (8. März 2016).

Gleichzeitig muss arbeitsrechtliche Regulierung dem Umstand Rechnung tragen, dass die Erwerbsbiografien zunehmend differenziert sind und Geschlechterrollen sich im Wandel befinden. Leitbilder der arbeitsrechtlichen Regulierung müssen hinterfragt werden; das dem Arbeits- und Sozialrecht häufig noch zugrunde liegende Normativ eines/einer von Ausbildung bis Rente Vollzeitbeschäftigten erfüllen vor allem Frauen nicht. Aber auch Männer wünschen sich zunehmend, ihre Arbeitszeit zu reduzieren. Menschen benötigen in verschiedenen Lebensphasen unterschiedlich lange Zeiten, um für andere, aber auch für sich sorgen zu können (Stichwort Weiterbildung und Gesundheit). Notwendig ist somit eine Lebensphasenorientierung des Arbeits- und Sozialrechts (ausführlich zu den neuen Anforderungen an die Regulierung aus der Lebenslaufperspektive: Kocher u.a. 2013, 43 ff.).

Vereinbarkeit von Sorgearbeit und Beruf als Schlüssel zu mehr (Geschlechter-)Gerechtigkeit

Arbeitszeitfragen sind Gerechtigkeitsfragen. Vergleicht man die Erwerbsarbeitszeiten von Frauen und Männern in der Bundesrepublik, so erscheint es eindeutig, dass Frauen über ihren gesamten Lebenslauf hinweg weniger arbeiten als Männer (vgl. Klenner/ Lillemeier 2015). Beinahe jede zweite Frau in Deutschland ist inzwischen mit einer Arbeitszeit unterhalb der Vollzeit beschäftigt. Unter Müttern beträgt die Teilzeitquote sogar 70 %. Väter sind dagegen nur zu 6 % in Teilzeit beschäftigt.

Diese Daten erfassen jedoch nur die Zeiten entlohnter Arbeit. Nimmt man die Zeiten unbezahlter Sorgearbeit hinzu, also Zeiten der Sorge für Kinder oder pflegebedürftige Angehörige einschließlich Tätigkeiten im Haushalt, so zeigt sich, dass Frauen insgesamt mehr Arbeitsstunden leisten als Männer. Laut einer Studie der Organisation für wirtschaftliche Zusammenarbeit und Entwicklung (OECD) wenden beispielsweise Mütter doppelt so viel Zeit für die Kinderbetreuung auf wie Väter (gut 20 % vs. weniger als 10 %; OECD 2015). Allerdings wird familiäre Sorgearbeit jenseits der Elternzeit nicht entlohnt. Die Verteilung unbezahlter und

Dr. Johanna Wenckebach, Volljuristin, ist Mitglied der Kommission für Arbeits- und Wirtschaftsrecht des deutschen Juristinnenbundes. E-Mail: wenckebach.j@ googlemail.com

bezahlter Erwerbsarbeit unter den Geschlechtern ist auch im Zusammenhang damit zu sehen, dass Frauen in Deutschland nach wie vor wesentlich weniger verdienen als Männer: Der durchschnittliche Bruttostundenverdienst von Frauen lag 2014 im Vergleich zu dem der Männer um 22 % niedriger (Statistisches Bundesamt 2015).

Um diese Schieflage zu beseitigen – die für Frauen erhebliche und anhand von Rentendaten auch nachweisbare Nachteile bei der selbstständigen Existenzsicherung mit sich bringt (Rasner 2014) –, hat die OECD für Deutschland den Vorschlag gemacht, Arbeits markthindernisse für Frauen zu beseitigen (OECD 2015; dabei werden offenbar auch Zusammenhänge zur Geburtenrate gesehen). Die große Koalition hat erkannt, dass es hierfür neben arbeitsrechtlichen Ansprüchen auf Zeitsouveränität auch einer stärkeren Einbindung der Väter in Kindererziehung und Pflegearbeit bedarf.

Aktuelle rechtspolitische Ansätze

Eines ihrer Vorhaben hat die Bundesregierung bereits umgesetzt: Seit dem 1. Juli 2015 gibt es ein neues „Elterngeld Plus". Damit sollen junge Familien dazu angehalten werden, die Familienarbeit gleichberechtigter aufzuteilen. Die Elternpaare bekommen, wenn sie sich die Elternzeit gleicher aufteilen und beide im Job etwas reduzieren, zusätzliche Elterngeldmonate vom Staat. Ansprüche auf Lohnersatzleistungen in der Phase nach der Geburt eines Kindes zeigen zudem die Lebensphasenorientierung des Regulierungsansatzes, die das Bundesfamilienministerium als „zentrales Thema für Arbeits- und Sozialpolitik" (BMAS 2015, 51) bezeichnet. Mit der staatlichen Finanzierung von Lohnverlusten, die sich aus der Übernahme von Sorgearbeit ergeben, wird zugleich Sorgearbeit als gesellschaftliche Aufgabe anerkannt und auch in der gesellschaftlichen Wahrnehmung aufgewertet.

Darüber hinaus wirbt Bundesfamilienministerin Schwesig für das Konzept der „Familienarbeitszeit", das allerdings nicht im Koalitionsvertrag steht.[3] Die Familienarbeitszeit soll die Möglichkeit vorsehen, dass im Anschluss an die Elternzeit beide Elternteile ihre Arbeitszeit auf 80 % der branchenüblichen Vollzeitarbeitszeit reduzieren bzw. erhöhen. Dabei wird der Lohnausfall durch eine staatliche Leistung kompensiert, die vom vorherigen Nettoeinkommen abhängt und bei niedrigeren Einkommen erhöht, bei überdurchschnittlichen Einkommen reduziert werden soll (ausführlich auch zu den Kosten des Vorhabens: Müller u.a. 2013; siehe auch zur Weiterentwicklung DIW-Wochenbericht Nr. 46/2015). Pro Kind sollen insgesamt drei Jahre in Anspruch genommen werden können. Dieses Modell würde zu einer Umverteilung der Arbeitszeiten dahingehend führen, dass Frauen im Vergleich zur aktuellen gesellschaftlichen Praxis ihre Erwerbsarbeitszeit im Anschluss an die Elternzeit im Durchschnitt erhöhen, während sich die durchschnittliche Erwerbsarbeitszeit von Männern verringern würde. Es geht also um eine deutliche Akzentuierung der Partnerschaftlichkeit in der Kindererziehung, mit der die oben beschriebene Ungleichheit angegangen werden könnte.

Des Weiteren hat die Große Koalition im Koalitionsvertrag angekündigt, ein Rückkehrrecht auf Vollzeitarbeit zu schaffen, das im Teilzeit- und Befristungsgesetz bisher fehlt. Außerdem ist es bisher nur im Rahmen der Elternzeit möglich, seine Vollzeitarbeit für einen bestimmten Zeitraum zu reduzieren, also Teilzeit befristet in Anspruch zu nehmen. Teilzeitarbeit droht deshalb, eine „Einbahnstraße" zu werden – ebenfalls mit am Erwerbsverlauf lange statistisch nachvollziehbaren negativen Folgen für Bezahlung, be-

---

3   http://www.bmfsfj.de/BMFSFJ/aktuelles,did=212732.html (8. März 2016).

ruflichen Aufstieg und Alterssicherung (Nassibi u.a. 2012). Ein konkreter Regulierungs-vorschlag der Bundesregierung zur Behebung dieser Gefährdungslagen liegt allerdings noch nicht vor.

Rechtsdurchsetzung im Arbeitsverhältnis

Die benannten Vorhaben sind wichtige und gute Ansätze, deren Umsetzung zweifellos eine Unterstützung von Beschäftigten dabei wäre, Beruf und Familie besser zu verein-baren und gleichzeitig die (Geschlechter-)Gerechtigkeit zu erzielen, die unsere Verfas-sung in Artikel 3 Absatz 2 Grundgesetz vorsieht.

Doch alle Ansätze, die Erwerbsarbeit regulieren, müssen den besonderen rechtlichen und tatsächlichen Bedingungen des Arbeitslebens Rechnung tragen. Zu den bei der Regulierung zu berücksichtigenden Bedingungen zählen zum einen die erheblichen Unterschiede je nach Branchen und Betrieben. Die Möglichkeiten, Beschäftigten Zeitsouveränität und eine gute „Work-Life-Balance" zu erlauben, hängen von den un-terschiedlichsten Faktoren ab, etwa dem vorhandenen Personalpool, der Wirtschafts-kraft, dem Vorhandensein eines Betriebsrats oder einer Personalabteilung.

Freilich haben auch die Sozialpartner wesentlichen Einfluss auf die Arbeitsbedingun-gen. Dementsprechend gibt es tarifpolitische Ansätze zur Verbesserung der Vereinbar-keit von Familie und Beruf sowie eine Reihe von Praxisbeispielen familienfreundlicher Betriebsvereinbarungen.[4] Zu berücksichtigen ist auch, dass Arbeitszeiten innerhalb der Belegschaften und bei den Führungskräften ein Konfliktthema sind, das kluger betrieb-licher Lösungen bedarf. Soweit kollektive Lösungen getroffen werden – beispielsweise, wenn Schichtsysteme ausgehandelt werden –, sind Regelungen wichtig, mit denen die konkreten Arbeitszeitpläne beteiligungsorientiert und transparent aufgestellt werden (ausführlich Wenckebach 2014). Diesen innerbetrieblichen Aushandlungsprozessen müssen Ansätze zur Regulierung von mehr Arbeitszeitsouveränität Rechnung tragen.

Eine entscheidende Rolle für die Effektivität von Beschäftigtenrechten auf Zeitsouverä-nität spielen zudem die Möglichkeiten, sie durchzusetzen. Die Vertragsbeziehung von Arbeitnehmer/in und Arbeitgeber/in ist durch strukturelle Ungleichheit geprägt. Entge-gen geläufiger Annahmen wird selbst nach Beendigung des Arbeitsverhältnisses selten geklagt, um Arbeitnehmerschutzrechte gerichtlich durchzusetzen (Zeibig u.a. 2005). Dass die Bereitschaft Einzelner, den/die Arbeitgeber/in während laufender Arbeitsbe-ziehungen zu verklagen – etwa, um Ansprüche auf Arbeitszeitsouveränität gerichtlich durchzusetzen –, verschwindend gering ist, liegt nicht nur an der Angst vor negativen Konsequenzen bis hin zur Beendigung des Arbeitsverhältnisses. Ein Gerichtsprozess birgt darüber hinaus auch finanzielle Risiken. Und Recht bekommt im Privatrecht nur, wer auch beweisen kann, dass die Voraussetzungen des geltend gemachten Rechtsan-

---

4 Zusammenstellung der Praxisbeispiele auf der Homepage des DGB-Projekts „Vereinbarkeit von Familie und Beruf gestalten" unter http://familie.dgb.de/praxis-tipps/bv-dv (8. März 2016).

spruchs vorliegen. Überhaupt ist es Voraussetzung, seine Rechte erst einmal zu kennen (ausführlich Wenckebach 2012).

> Bei der Regulierung von Ansprüchen auf Arbeitszeitautonomie ist die Einbindung kollektiver Akteurinnen und Akteure, insbesondere also der Betriebs- und Personalräte, aber auch der Gleichstellungsbeauftragten, somit nicht nur deshalb wichtig, weil sie sich mit den betrieblichen Abläufen und den involvierten Interessen besonders gut auskennen. Sie sind eine unerlässliche Unterstützung bei der Geltendmachung von Rechten im Verhältnis abhängiger Beschäftigung.

Vorschlag für ein Wahlarbeitszeitgesetz

Um Vereinbarkeitslösungen zu schaffen, die diesen Umständen des Arbeitslebens und -rechts Rechnung tragen, hat die Kommission für Arbeits- und Wirtschaftsrecht des djb einen Vorschlag für Wahlarbeitszeitgesetz erarbeitet.[5] Die Umsetzung dieses Vorhabens wäre eine Ergänzung und Effektivierung schon bestehender rechtlicher Regulierungsansätze. Es gibt bereits deutsche Unternehmen, die ihren Beschäftigten Wahlarbeitszeit anbieten (vgl. die Zusammenfassung der Berichte von Unternehmensvertreter/innen bei Koch-Rust/Ludewig 2015).

Um den benannten Unterschieden in den Betrieben und Branchen Rechnung zu tragen, geht das Konzept von der Idee der regulierten Selbstregulierung aus. Dies bedeutet, dass die Betroffenen und diejenigen, die die betriebliche Wirklichkeit gestalten, insbesondere die für Personal und Organisation zuständigen Führungskräfte sowie die Interessenvertretungen der Beschäftigten, innerhalb eines gesetzlichen Rahmens selbst aushandeln und regeln, was im konkreten Fall bei der Festlegung der Arbeitszeit unter Ausgleich aller Interessen möglich ist.

Ein Wahlarbeitszeitgesetz soll differenzierte Lösungen zulassen, die weder die Betriebe überfordern noch das Bedürfnis der Arbeitnehmer/innen nach Arbeitszeitsouveränität ins Leere laufen lassen. Solche Lösungen kann der Gesetzgeber aber nicht im Einzelnen vorformulieren und vorschreiben. Andererseits geben bloße Aufforderungen des Gesetzgebers keine Rechtssicherheit und können zur Verbesserung der Arbeitszeitsouveränität Beschäftigter in der betrieblichen Praxis wenig beitragen. Ein Wahlarbeitszeitgesetz, das praktische Veränderungen gewährleisten will, muss flexible Lösungen ermöglichen, die gleichzeitig vorhersehbar, planbar, verlässlich und rechtssicher sein müssen.

Das vom djb entwickelte Konzept sieht deshalb nicht nur die Schaffung eines individuellen Rechtsanspruchs vor, sondern auch die Regulierung eines Verfahrens zu dessen Durchsetzung unter Einbindung kollektiver Akteure.

---

5   Informationen hierzu unter https://www.djb.de/themen/wahlarbeitszeit/ (8. März 2016).

Arbeitszeit-Check

Als ersten Schritt der Selbstregulierung sollten die Betriebe einen „Arbeitszeit-Check" durchführen, um festzustellen, inwieweit die vorhandenen gesetzlichen, tarifvertraglichen und betrieblichen Regelungen bereits den arbeitszeitbezogenen Bedürfnissen der Beschäftigten gerecht werden und insbesondere auch, ob sie geschlechtergerecht sind. Der Arbeitszeit-Check soll eine Bestandsanalyse sein, die nicht nur zeigt, welche Arbeitszeitmodelle es im Betrieb gibt und wie sie praktiziert werden, sondern auch, welche arbeitszeitbezogenen Bedarfe der Beschäftigten bestehen oder entstehen können.

Betriebliches Wahlarbeitszeitkonzept

Sodann sieht der Vorschlag des djb vor, dass für den jeweiligen Betrieb konkrete Maßnahmen und Modelle entwickelt werden – ein betriebliches Wahlarbeitszeitkonzept. Mitbestimmte kollektive Lösungen im Sinne eines ausgehandelten betrieblichen Wahlarbeitszeitkonzeptes schaffen Rechtssicherheit, noch bevor ein individuelles Bedürfnis nach Arbeitszeitänderung auftritt. Dies kann dazu beitragen, dass ein Bedarf an Änderung der Arbeitsbedingungen nicht als „Störfall" erscheint.

Die Entwicklung des betrieblichen Wahlarbeitszeitkonzepts muss auf der Basis des Arbeitszeit-Checks und gemäß den Zielsetzungen des Wahlarbeitsgesetzes erfolgen. Das Gesetz müsste hierfür Maßnahmen aufzählen, die Bestandteil eines betrieblichen Wahlarbeitszeitkonzepts sein können, aber nicht in jedem Betrieb sein müssen. Zugleich muss das Gesetz aus den oben genannten Gründen Regelungen zu den Beteiligungs- und Mitbestimmungsverfahren treffen; Regelungen also sowohl für das Verfahren des Aushandelns eines Wahlarbeitskonzeptes als auch für die Beteiligung kollektiver Akteure bei der Durchsetzung individueller Rechtsansprüche in Bezug auf Arbeitszeit. Nach dem bisherigen Recht nämlich bestehen zwar wesentliche Mitbestimmungsrechte des Betriebsrats bei Arbeitszeitfragen. Das Betriebsverfassungsgesetz sieht jedoch bei der Durchsetzung individueller Rechtsansprüche gerade keine Mitbestimmung vor (im Einzelnen Wenckebach 2014).

Selbstverständlich müssen sich Wahlarbeitszeitkonzepte auch im Rahmen des geltenden Arbeitsrechts bewegen. Hierzu gehört das Arbeitszeitgesetz, aber auch die Tarifautonomie. Würde ein betriebliches Wahlarbeitszeitkonzept also von tariflichen Arbeitszeitregelungen abweichen, müsste bei Tarifbindung des Arbeitgebers oder bei einem als allgemeinverbindlich erklärten Tarifvertrag die Zustimmung der Tarifvertragsparteien zu einer solchen betrieblich begründeten Abweichung eingeholt werden. Das Wahlarbeitszeitgesetz sollte vorsehen, dass ablehnende Entscheidungen durch Arbeitgeber oder Betriebsrat im arbeitsgerichtlichen Beschlussverfahren überprüft werden können.

Ein den Vorgaben eines Wahlarbeitszeitgesetzes entsprechendes betriebliches Wahlarbeitszeitkonzept liegt dann vor, wenn die Betriebsparteien bzw. – in betriebsratslosen Betrieben – die für die Erarbeitung eines Wahlarbeitszeitkonzepts zuständigen Akteur/innen die im Gesetz genannten Maßnahmen geprüft und dabei sämtliche im Betrieb durch den Arbeitszeit-Check ermittelten Belange berücksichtigt haben, sie also zumindest erörtert wurden. Als Nachweis hierüber können die Ergebnisse der Mitarbeiter/innenbefragung, des Arbeitszeit-Checks sowie die Protokolle über die Verhandlung des Wahlarbeitszeitkonzepts bzw. eine entsprechende ausführliche Erläuterung des oder der Arbeitgeber/in dienen. Das Wahlarbeitszeitgesetz sollte auch regeln, dass betriebliche Wahlarbeitszeitkonzepte einer regelmäßigen, z.B. zweijährlichen, Überprüfung und Aktualisierung bedürfen.

Individueller Rechtsanspruch auf Wahlarbeitszeit

Neben der Regulierung von Verfahren zur Schaffung von betrieblichen Wahlarbeitszeitkonzepten muss das Wahlarbeitszeitgesetz auch einen individuellen Rechtsanspruch von Arbeitnehmer/innen gegenüber dem/der Arbeitgeber/in normieren. Dieses Recht kann sich auf die Änderung der jeweiligen vertraglichen Arbeitszeit richten. Es kann dabei nicht nur – wie bereits bestehende Rechtsansprüche auf Teil- oder Elternzeit – bezogen sein auf eine Verkürzung der Arbeitszeit, sondern insbesondere auch auf deren Erhöhung und deren Lage. An entsprechenden Rechten fehlt es bisher (ausführlich Kocher u.a. 2013). Neben dem laut Koalitionsvertrag vorgesehenen Recht, nach Inanspruchnahme von Teilzeit- zu Vollzeitarbeit zurückzukehren, sollte – sofern ein freies Arbeitszeitvolumen vorhanden ist – auch von Beschäftigten eine Erhöhung beantragt werden können, die bisher ausschließlich in Teilzeit gearbeitet haben.

Wichtig ist auch ein Anspruch auf Änderung der Lage der Arbeitszeit, denn schon eine Veränderung von Arbeitsbeginn oder -ende um eine halbe Stunde kann die oftmals so schwierige Abstimmung von Sorgeaufgaben und Arbeitszeiten möglich machen. Auch eine Veränderung des Arbeitsortes – Stichwort Homeoffice – sollte der Rechtsanspruch umfassen.[6]

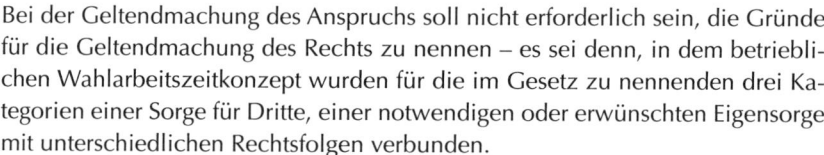

Bei der Geltendmachung des Anspruchs soll nicht erforderlich sein, die Gründe für die Geltendmachung des Rechts zu nennen – es sei denn, in dem betrieblichen Wahlarbeitszeitkonzept wurden für die im Gesetz zu nennenden drei Kategorien einer Sorge für Dritte, einer notwendigen oder erwünschten Eigensorge mit unterschiedlichen Rechtsfolgen verbunden.

Konfliktsituationen

Der oder die Arbeitgeber/in kann dem geltend gemachten Rechtsanspruch dringende betriebliche Gründe entgegenhalten, wie auch schon bisher gegenüber Elternzeitansprüchen. Für deren Anerkennung kommt es darauf an, ob es bei Anspruchserhebung

---

6 In den Niederlanden haben Beschäftigte seit 2015 einen Rechtsanspruch, ihren Arbeitszeitbeginn selbst festzulegen und einen Heimarbeitsplatz einzufordern; dazu etwa http://www.wiwo.de/erfolg/beruf/homeoffice-niederlaender-haben-ein-recht-auf-heimarbeit/11638898.html (8. März 2016).

bereits ein betriebliches Wahlarbeitszeitkonzept gibt, das den gesetzlichen Vorgaben entspricht, oder nicht. Diese Unterscheidung soll Unternehmen dazu anreizen, betriebliche Wahlarbeitszeitkonzepte zu erarbeiten. Denn fehlt es an einem gesetzmäßigen betrieblichen Wahlarbeitszeitkonzept, stellt das Wahlarbeitszeitgesetz strengere Anforderungen an die Ablehnung individueller Arbeitszeitwünsche:

Ablehnung von Ansprüchen in Betrieben ohne Wahlarbeitszeitkonzept

Fehlt es an einem betrieblichen Wahlarbeitszeitkonzept, so wird gesetzlich vermutet, dass keine dringenden betrieblichen Einwände gegen die Arbeitszeitänderung vorliegen. Das Risiko der Kostentragung eines Gerichtsprozesses wird also im Interesse effektiver Rechtsdurchsetzung auf die Betriebe verlagert, wenn sie ein Wahlarbeitszeitkonzept nach den eigenen betrieblichen Möglichkeiten nicht eingeführt haben. Will also der oder die Arbeitgeber/in nicht hinnehmen, dass die Änderungswünsche zu Arbeitszeit oder -ort aufgrund der gesetzlichen Fiktion Inhalt des einzelnen Arbeitsvertrages werden, muss er oder sie innerhalb bestimmter Fristen selbst die Initiative ergreifen. Gibt es einen Betriebsrat, so ist mit ihm gemeinsam ein Wahlarbeitszeitkonzept zu erarbeiten. Hier kann, parallel zu bestehenden Vorgaben des Betriebsverfassungsrechts, gegebenenfalls eine Einigungsstelle angerufen werden. Fehlt ein Betriebsrat, so kann das Konzept durch die Arbeitgeberseite selbstständig entwickelt werden, auf Wunsch durch Inanspruchnahme außerbetrieblicher Beratung. Daneben kann sich der oder die Arbeitgeber/in an das Arbeitsgericht wenden mit dem Antrag, die gesetzliche Rechtsfolge außer Kraft zu setzen, weil ihr dringende betriebliche Gründe entgegenstehen.

Wenn ein Anspruch auf Wahlarbeitszeit geltend gemacht wird und aufgrund fehlender Reaktion der Arbeitgeberseite auch Arbeitsvertragsbestandteil wird, kann es in der Praxis vorkommen, dass diejenigen, die dem neuen Vertragsinhalt entsprechend der Arbeit ferngeblieben sind oder länger gearbeitet haben, mit Abmahnungen, Lohnausfall oder gar Kündigung konfrontiert werden. In einem solchen Fall wären die Arbeitnehmer/innen dennoch auf individualrechtliche Rechtsdurchsetzung vor dem Arbeitsgericht angewiesen. Dies macht deutlich, dass die Anspruchsberechtigten auf Unterstützung angewiesen sind, was vor allem in Betrieben ohne Betriebsrat häufig problematisch ist.

Das Wahlarbeitszeitgesetz sollte deshalb weitere, auch außerbetriebliche Akteur/innen in die Durchsetzung sowohl des Individualanspruches als auch der Verpflichtung zur Entwicklung eines Wahlarbeitszeitkonzeptes einbeziehen. Diese Akteur/innen könnten durch Einzelne mit der Geltendmachung des Anspruchs beauftragt werden. So geben im geltenden Recht bereits das Betriebsverfassungsgesetz sowie das Allgemeine Gleichbehandlungsgesetz in betriebsratsfähigen Betrieben einer im Betrieb vertretenen Gewerkschaft das Recht, bei groben Verstößen das Arbeitsgericht anzurufen, um ein Handeln oder Unterlassen des Arbeitgebers/der Arbeitgeberin zu erzwingen.

Im Wahlarbeitszeitgesetz sollte also klargestellt werden, dass das Fehlen eines Wahlarbeitszeitkonzeptes als grober Verstoß gegen die entsprechende Verpflichtung des oder der Arbeitgeber/in zu werten ist. Dieser erlaubt es einer im Betrieb vertretenen Gewerkschaft, unabhängig vom Eintreten eines Konfliktfalls tätig zu werden – jedenfalls dann, wenn es zur Ablehnung eines geäußerten Anspruchs gekommen ist. Der oder die Arbeitgeber/in würde dann gerichtlich unter Androhung eines Zwangsgeldes verpflichtet, ein Wahlarbeitszeitkonzept zu entwickeln und auf dessen Basis den Wunsch der Anspruchsteller/innen zu bescheiden.

Betriebe mit Wahlarbeitszeitkonzept

Das Wahlarbeitszeitgesetz sieht eine andere Rechtsfolge vor, wenn in dem Betrieb bereits ein Wahlarbeitszeitkonzept existiert. Dadurch soll die frühzeitige Erarbeitung eines Wahlarbeitszeitkonzeptes belohnt und ein Anreiz für Betriebe gesetzt werden, gemeinsam mit den Interessenvertretungen der Arbeitnehmer/innen flexible und bedarfsorientierte betriebliche Konzeptionen zu entwickeln. In diesem Fall kann, wenn ein Anspruch auf Wahlarbeitszeit geltend gemacht wird, arbeitgeberseitig der Einwand erhoben werden, dass das bestehende betriebliche Wahlarbeitszeitkonzept die Verwirklichung gerade dieses konkreten Arbeitszeitwunsches nicht vorsieht und ihm daher dringende betriebliche Gründe entgegenstehen. Voraussetzung ist, dass dieses Wahlarbeitszeitkonzept den gesetzlichen Vorgaben entspricht und innerbetrieblich überprüft und gegebenenfalls aktualisiert worden ist. In diesem Fall muss also die gerichtliche Rechtsdurchsetzung von Arbeitnehmerseite betrieben werden.

Finanzierung von Lohnausfällen wegen der Übernahme von Sorgearbeit

Nicht im Rahmen des Wahlarbeitszeitkonzepts gelöst wurde die Frage nach der Finanzierung von Lohnausfällen, die bei der Inanspruchnahme von Arbeitszeitverkürzungen entstehen. Ein Wahlarbeitszeitgesetz müsste jedoch durch entsprechende (insbesondere sozialversicherungsrechtliche) Regelungen begleitet werden. Denn Optionen dürfen nicht nur für diejenigen bestehen, die sich eine Verminderung ihres Erwerbseinkommens durch die Reduzierung der Arbeitszeit leisten können – sei es durch ein ausreichendes Erwerbseinkommen auch bei reduzierter Arbeitszeit, sei es durch Alimentierung innerhalb einer Partnerschaft. Jedenfalls für die Übernahme bestimmter Sorgearbeiten müssen Einkommensausfälle, die mit Erwerbsunterbrechungen oder -einschränkungen verbunden sind, finanziell abgesichert werden.

Möglichkeiten für individuelles Ansparen von Geld und Zeit in Langzeitarbeitskonten oder den Ausgleich in einer nachfolgenden Phase der Erwerbstätigkeit sowie steuerliche Vergünstigungen für gesellschaftlich erwünschte Erwerbseinschränkungen können zwar hilfreich sein, wirken aber selektiv, da nicht alle in der Lage sind, davon Gebrauch zu machen, also beispielsweise Arbeitszeit anzusparen. Während das Elterngeld plus hier bereits als positives Beispiel genannt wurde, sind die Finanzierungsfragen vor allem im Bereich der Pflege Angehöriger bisher noch nicht zufriedenstellend reguliert – auch nicht durch das Familienpflegezeitgesetz.

Literatur

BMAS – Bundesministerium für Arbeit und Soziales (2015): Grünbuch Arbeiten 4.0, http:// www.bmas.de/SharedDocs/Downloads/DE/PDF-Publikationen-DinA4/gruenbuch-arbei-ten-vier-null.pdf?__blob=publicationFile (8. März 2016).

Klenner, C./Lillemeier, S. (2015): WSI Gender Daten Report, http://www.boeckler.de/pdf/p_wsi_report_22_2015.pdf (9. März 2016).

Kliemt, M. (2001): Das neue Befristungsrecht, in: Neue Zeitschrift für Arbeitsrecht, S. 63–71.

Kocher, E./Groskreutz, H./Nassibi, G./Paschke, C./Schulz, S./Welti, F./Wenckebach, J./Zimmer, B. (2013): Das Recht auf eine selbstbestimmte Erwerbsbiografie. Arbeits- und sozialrechtliche Regulierung für Übergänge im Lebenslauf: Ein Beitrag zu einem Sozialen Recht der Arbeit, Baden-Baden.

Koch-Rust, V./Ludewig, G. (2015): Was haben Unternehmen auf dem 41. Bundeskongress des djb über Wahlarbeitszeiten berichtet?, in: djbZ Zeitschrift des Deutschen Juristinnenbundes 4, S. 192–194.

Müller, K.-U./Neumann, M./Wrohlich, K. (2013): Familienarbeitszeit, DIW Wochenbericht Nr. 46, S. 3–11.

Nassibi, G./Wenckebach, J./Zeibig, N. (2012): Geschlechtergleichstellung durch Arbeitszeitsouveränität, in: djbZ, S.11–116.

OECD (2015): Better Life Index, http://www.oecdbetterlifeindex.org/de/topics/work-life-balance-de/ (9. März 2016).

Pangert, B./Schüpbach, H. (2013): Die Auswirkungen arbeitsbezogener erweiterter Erreichbarkeit auf Life-Domain-Balance und Gesundheit, Dortmund.

Rasner, A. (2014): Geschlechtsspezifische Rentenlücke in Ost und West, DIW Wochenbericht 40, S. 976 ff.

Statistisches Bundesamt (2015): Gender Pay Gap, https://www.destatis.de/DE/ZahlenFakten/Indikatoren/QualitaetArbeit/Dimension1/1_5_GenderPayGap.html (9. März 2016).

Wenckebach, J. (2012): Antidiskriminierungsrechtliche Aspekte des Kündigungsschutzes in Deutschland und England, Baden-Baden.

Wenckebach, J. (2014): Individuelle Arbeitszeitgestaltung und kollektive Interessen, in: Kritische Justiz, S. 405–413.

Zeibig, N./Kahl, U./Höland, A. (2005): Wirklichkeit und Wahrnehmung des Kündigungsschutzes in den Arbeitsgerichten, in: WSI-Mitteilungen 10, S. 561–567.

Andrea Martin

Ausbildung in Teilzeit als Perspektive für junge Mütter und Väter

Teilzeitmodelle sind oft die einzige Möglichkeit für junge Alleinerziehende, um ihre Verantwortung für ein Kind mit einer Ausbildung zu vereinbaren. Dennoch werden sie sehr selten genutzt. Dieser Beitrag zeigt die Probleme auf, die auch eine Teilzeitausbildung in der Praxis mit sich bringt, und stellt Unterstützungsangebote des Landkreises Marburg-Biedenkopf vor.

Vier von zehn Alleinerziehenden in Deutschland sind auf Unterstützungsleistungen der Grundsicherung für Arbeitsuchende durch die Jobcenter angewiesen. 47 % der jungen Mütter und 31 % der Väter bis 24 Jahre haben keine Ausbildung, besuchen weder eine Schule noch absolvieren sie eine duale Berufsausbildung.[1]

Hier liegt – gerade mit Blick auf den drohenden Fachkräftemangel – ein hohes Potenzial. Denn die Motivation zur Arbeitsaufnahme bei Alleinerziehenden ist hoch, gerade bei den jungen Müttern. Im Vergleich sind alleinerziehende Leistungsbezieherinnen häufiger erwerbstätig und suchen auch häufiger nach Arbeit als leistungsbeziehende Mütter in Paarhaushalten. Eine nachhaltige Existenzsicherung kann am ehesten durch eine eigenständige Erwerbstätigkeit mit guten Verdienstaussichten gewährleistet werden. Dies ist in aller Regel nur mit einem qualifizierten Berufsabschluss zu erreichen. Es liegt auf der Hand, dass Alleinerziehende hier besonderen Unterstützungsbedarf haben, da sie die Sicherung des Familienunterhaltes und die Erziehung und Versorgung der Kinder nicht mit einem Partner im Haushalt teilen können.

Ausbildung in Teilzeit: guter Ansatz mit magerer Bilanz

Eine Ausbildung in Teilzeit ist für viele Alleinerziehende, die nicht auf umfangreiche Unterstützung ihrer Familie zurückgreifen können, oft die einzige Option. Mit der Reform des Berufsausbildungsgesetzes im Jahr 2005 wurde die Möglichkeit der Teilzeitausbildung rechtlich geregelt. Die Rechtsgrundlage ist § 8 Berufsbildungsgesetz (BBiG). Bei der Teilzeitberufsausbildung kann die tägliche oder wöchentliche betriebliche Ausbildungszeit gekürzt werden, wenn ein „berechtigtes Interesse" vorliegt und zu erwarten ist, dass das Ausbildungsziel in der gekürzten Zeit erreicht wird. Es ist eine Reduzierung der durchschnittlichen wöchentlichen Ausbildungszeit auf 20–30 Stunden (50–75 %) möglich; die Unterrichtsstunden in der Berufsschule bleiben von der Kürzung unbe-

---

1 Bundesministerium für Bildung und Forschung: Berufsbildungsbericht 2015, S. 55.

rührt. Bei einer Verkürzung auf 50 % der regulären Arbeitszeit kann sich allerdings die gesamte Ausbildungsdauer verlängern.

Ein Blick in die Statistik ist jedoch ernüchternd: Im Jahr 2013 gab es nach den Daten der Berufsbildungsstatistik der Statistischen Ämter des Bundes und der Länder (Berufsbildungsstatistik zum 31.12.) lediglich 1.638 neue Berufsausbildungsverträge in Teilzeit, das entspricht 0,3 % aller Neuabschlüsse im genannten Ausbildungsjahr.[2] Bundesweit gibt es nur ca. 3.000 Teilzeitauszubildende.

Die Probleme in der Praxis

Schon für junge Menschen ohne Erziehungsverantwortung sind die Entscheidung für eine bestimmte Berufsausbildung, der anschließende Bewerbungsprozess und der Ausbildungsbeginn eine Herausforderung. Gilt es doch, eine Entscheidung zu treffen, die unter Umständen die Weichen für ein ganzes Berufsleben stellt und die der Eignung und Neigung möglichst optimal entsprechen sollte. Oft ist der Traumberuf aufgrund unzureichender Schulabschlüsse nicht erreichbar und es muss ein Kompromiss gefunden werden. Die räumliche Nähe oder die Erreichbarkeit des ausbildenden Betriebes mit öffentlichen Verkehrsmitteln ist für viele Jugendliche, die nicht über einen Führerschein oder ein Auto verfügen, ebenfalls von Bedeutung.

Andrea Martin
ist Ltd. Verwaltungsdirektorin im Kreisjobcenter Marburg-Biedenkopf.
E-Mail: martina@marburg-biedenkopf.de

Für Alleinerziehende verdichten sich diese Probleme wie unter einem Brennglas. Schon die Suche nach einer attraktiven Teilzeitausbildungsstelle ist schwierig, denn die Auswahl ist eingeschränkt. Arbeitgeber sind in der Regel dann stärker bereit zu Konzessionen, wenn sie sonst nicht genügend geeignete Bewerber/innen finden können – oftmals bei Ausbildungsstellen, die bei den Jugendlichen generell weniger begehrt sind. Zeit ist knappes Gut der Alleinerziehenden, daher muss auch ein Kinderbetreuungsplatz in der Nähe von Wohnort und Ausbildungsstätte gefunden werden, um die Wegezeiten nicht ausufern zu lassen. Nun heißt es, die betrieblichen Arbeitszeiten mit dem Arbeitgeber zu verhandeln und den Kinderbetreuungsmöglichkeiten anzupassen. Diesen Kinderbetreuungsmöglichkeiten, die zumindest in Westdeutschland in ihrer Struktur allenfalls von an Vormittagen teilzeiterwerbstätigen Müttern ausgehen, steht auf der Arbeitsmarktseite – gerade in den frauentypischen Dienstleistungs- und Pflegeberufen – eine Ausdifferenzierung von Arbeitszeiten mit einem steigenden Anteil wechselnder und atypischer Zeiten gegenüber. Insgesamt arbeitet mehr als jede/r zweite Beschäftigte/r in Deutschland samstags oder

---

2   Ebd.

sonntags, nachts und in Wechselschichten, wobei dieser Trend in wachsendem Maße auch Teilzeitbeschäftigte betrifft.

Faktisch finden immer noch viele Eltern keinen Betreuungsplatz für ihr Kleinkind und auch Kindergartenplätze mit flexiblem Betreuungsangebot stehen nicht ausreichend zur Verfügung. Alleinerziehende haben dann eine gute Chance auf einen Kinderbetreuungsplatz, wenn sie berufstätig sind, und gute Chancen auf einen Ausbildungsplatz, wenn die Kinderbetreuung gesichert ist. Hier aber beißt sich die Katze in ihren Schwanz. Selbst wenn dieser Interessenausgleich gelungen ist, will auch der Weg zur Berufsschule noch bedacht sein. Ist diese nicht nahe genug gelegen, kann es bedeuten, um 6.00 Uhr früh das Haus verlassen und ein Kind unbeaufsichtigt lassen zu müssen, um pünktlich um 8.00 Uhr fünfzig Kilometer weiter in der Berufsschule zu sein. In der Praxis scheitert die Ausbildung genau an solchen Details.

Kleine Kinder sind häufig krank. In Familien, in denen beide Elternteile arbeiten, gibt es dann häufig Diskussionen, wer es sich gerade „leisten kann" auszufallen. Alleinerziehende haben keine Wahl, sie müssen bei ihrem kranken Kind zu Hause bleiben. Tritt dies gerade in Zeiten intensiven Lernaufwands oder einer ohnehin geschwächten Motivation auf, ist ohne zusätzliche Unterstützung der Abbruch der Ausbildung vorprogrammiert.

Eine gesetzlich komplizierte Regelung macht es für ausbildungswillige junge Eltern in der Betreuung der Jobcenter auch nicht leichter. Denn § 7 (5) Zweites Buch Sozialgesetzbuch (SGB II) regelt, dass grundsätzlich Auszubildende mit einem theoretischen Anspruch auf Leistungen nach dem Bundesausbildungsförderungsgesetz (BAföG) oder der Berufsausbildungsbeihilfe (BaB) keinen vollumfänglichen Leistungsanspruch nach dem SGB II haben – es sei denn, die Auszubildenden wohnen noch im elterlichen Haushalt. Das tun aber die wenigsten. Ansonsten wird nur die Differenz zwischen dem Anteil für Unterkunft und Heizung in der BaB und zum BAföG und im SGB II ermittelt und zusätzlich gezahlt. Das klingt kompliziert und ist es auch. Ein Anreiz zur Ausbildungsaufnahme ist es jedenfalls nicht. Der SGB II-Leistungsbezug und ein ergänzender Minijob sind im Zweifel einfacher und auf kurze Sicht auch lukrativer. Dies hat der Gesetzgeber erkannt: Der Leistungsausschluss soll zum 1. August 2016 entfallen.

Ein Weg aus dem Dilemma

Im Landkreis Marburg-Biedenkopf wurde schon seit 2005 ein hohes Gewicht auf die Förderung von Frauen und Familien gelegt, ein eigenes Budget für deren Betreuung nach dem SGB II definiert und an das Jobcenter übertragen. Das Jobcenter betreibt eine eigene Betreuungseinrichtung mit 15 Plätzen für Kinder bis sechs Jahre und einer auch mobilen Notfallbetreuung, die die Betreuung von Kindern zu Randzeiten und in Notsituationen sichert.

Die Erzieherinnen sind über die regulären Kinderbetreuungsmöglichkeiten im Landkreis detailliert informiert, unterstützen bei der Kontaktaufnahme und der Anmeldung und arbeiten auch parallel zum Einsatz der Betreuungsleistung mit den Eltern daran, deren persönliche Netzwerke so zu stärken, dass mittelfristig die geförderte Kinderbetreuung überflüssig wird.

Das Kinderbetreuungsangebot wird ergänzt durch eine aktiv beworbene Teilzeitausbildung in Form der betrieblichen Umschulung. Bei der institutionellen Förderung der beruflichen Weiterbildung kann sowohl ein Bildungsträger als auch ein Betrieb als Maßnahmeträger fungieren. Der Arbeitgeberservice des Kreisjobcenters arbeitet bei der Suche nach einem Umschulungsbetrieb bewerberorientiert und bespricht anschließend mit dem Arbeitgeber und einem/einer konkreten Bewerber/in, inwieweit der Arbeitgeber bereit wäre, anstatt eines Auszubildenden eine/n Umschüler/in in Teilzeitform einzustellen. Dies ist dann möglich, wenn die Voraussetzungen für die individuelle Förderung der beruflichen Weiterbildung nach § 81 SGB III erfüllt sind. Dem Grunde nach kann jeder Betrieb, der über eine Ausbildungsberechtigung für einen anerkannten Ausbildungsberuf verfügt, auch im Rahmen einer betrieblichen Umschulung ausbilden, woraus folgt, dass jede gemeldete freie Ausbildungsstelle theoretisch auch ein betrieblicher Umschulungsplatz sein kann.

Bei betrieblichen (Teilzeit-)Umschulungen besteht dem Grunde nach die Verpflichtung des Betriebes, eine Ausbildungsvergütung zu bezahlen. Da es sich im Kern um eine Maßnahme der aktiven Arbeitsförderung handelt, kann die fördernde Behörde den Betrieb von dieser Verpflichtung ganz oder teilweise entbinden. Dies ist jedoch restriktiv zu handhaben, um durch die zu generöse Anwendung der Befreiungsoption eine Wettbewerbsverzerrung zum Nachteil jugendlicher Bewerber/innen um betriebliche Ausbildungsstellen zu verhindern.

Auf diesem Wege konnten im Kreisjobcenter Marburg-Biedenkopf in den letzten fünf Jahren 176 Teilzeitumschulungen auf den Weg gebracht werden. Dies wäre ohne die Verschränkung des Kinderbetreuungs- und des Umschulungsangebotes nicht möglich gewesen. Dass Jobcenter jedoch Kinderbetreuung selbst anbieten oder feste Kontingente bei Betreuungseinrichtungen abrufen können, ist eher eine Ausnahme als die Regel. Dies ist umso bedauerlicher, als die Grundsicherung für Arbeitsuchende das größte Handlungsfeld für die oft beschworene Verschränkung von Arbeitsmarkt- und Sozialpolitik darstellt.

Frank Schumann, Petra Kather-Skibbe

Sind Beruf und Pflege zeitlich vereinbar? Beratung für pflegende Angehörige

In diesem Beitrag werden die Bedürfnisse von Berufstätigen thematisiert, die ihr Arbeitsleben mit der Pflege von Angehörigen vereinbaren müssen. Es werden Konzepte der Beratung vorgestellt, die pflegende Angehörige dabei unterstützen, ihre individuellen zeitlichen Anforderungen zu bewältigen.

Was tun, wenn die Pflegeaufgabe ruft?

Christa F. ist 42 Jahre alt und Mutter eines 16-jährigen Sohnes. Sie liebt ihren Beruf als Angestellte im Polizeidienst, in dem sie mit 40 Wochenstunden arbeitet. Kurz nach ihrem 75. Geburtstag erleidet die Mutter einen schweren Schlaganfall. Die Ärzte meinen schnell, dass sie nicht mehr allein zu Hause leben kann. Der Bruder von Christa F. wohnt in Frankreich, zu weit weg, um sich in die Versorgung der Mutter aktiv einbringen zu können. Kurzentschlossen nimmt Christa F. die Mutter zu sich, der sie vor Längerem versprochen hat, dass sie niemals in ein Heim kommt. Sie ist ein Organisationstalent, da wird sie auch diese Situation managen. Schnell merkt Christa F., dass es nicht so einfach wird wie gedacht, trotz bester Absichten. Es ist eine neue Herausforderung mit neu zu erlernenden Aufgaben. Die geliebte Mutter, früher ein Engel für die eigenen Kinder, wird schnell ungeduldig und fordernd. Und der Arbeitgeber hat wenig Verständnis, wenn Christa F. mal eine halbe Stunde später kommt. Sie versteht kaum, warum ihr die Dinge beginnen zu entgleiten, nachdem sie bisher alles im Griff hatte. Sollte sie beruflich vielleicht kürzer treten?

Pflege ist eine klassische Familienaufgabe

So wie Christa F. geht es jedes Jahr Zigtausenden Menschen in der Bundesrepublik Deutschland. Dabei ist es egal, ob es sich dabei um einen akuten Vorfall wie im Beispiel von Frau Christa F. handelt oder um einen fortschreitenden Prozess wie etwa bei einem an multipler Sklerose oder an Demenz erkrankten Angehörigen. Die Situation für einen Menschen, der im Berufsleben steht, entwickelt sich häufig ähnlich. Es besteht immer mindestens eine Doppelbelastung, nicht selten eine Drei- oder auch Mehrfachbelastung, wenn wie im o.g. Fall noch eigene Kinder und der eigene Haushalt dazu kommen. Irgendwann werden Belastungsgrenzen erreicht. Und immer ist es auch eine Frage der Zeit.

Dabei ist und bleibt Pflege ein bestimmendes Familienthema. Der Prozentsatz der im häuslichen Bereich gepflegten Pflegebedürftigen ist trotz steigender Zahl an Einpersonenhaushalten in den letzten zehn Jahren tendenziell eher gestiegen. Wurden im Jahr 2003 von den rund 2,1 Millionen Pflegebedürftigen 69 % zu Hause und 47,5 % aller Pflegebedürftigen nach dem Elften Buch Sozialgesetzbuch (SGB XI) ausschließlich von Angehörigen gepflegt,[1] so waren es im Jahr 2013 von den rund 2,6 Millionen Pflegebedürftigen 71 %, die zu Hause gepflegt wurden, und 48 %, die ihre Pflege ausschließlich durch Angehörige erhielten (vgl. Pflegestatistik 2003; 2013 unter: www.destatis.de [21. Februar 2016]).

Frank Schumann, Dipl. Krankenpfleger, Fachkraft für Leitungsfunktionen und Qualitätsmanagement im Gesundheitswesen, ist Leiter der Fachstelle für pflegende Angehörige, Berlin.

Das zeigt, dass trotz der vielfältigen Versuche stationärer Pflegeanbieter in den letzten zehn Jahren, das Image der Pflegeheime hin zu Pflegeresidenzen zu entwickeln, Pflegebedürftige nach wie vor die Versorgung zu Hause präferieren. Und Angehörige fühlen sich nach wie vor offensichtlich dazu ermutigt, aber auch moralisch verpflichtet, diesen Wünschen Rechnung zu tragen.

Wer pflegt?

Die Angaben über die Anzahl der Angehörigen, die in familiären Pflegesystemen eingebunden sind, variieren. Man muss von 4–5 Millionen Menschen ausgehen (Rothgang u.a. 2010).

Petra Kather-Skibbe, Dipl.-Wirtschaftsingenieurin (FH), Systemische Beraterin und Prozessbegleiterin, Beraterin für Arbeitsbewältigungscoaching, Kompetenzenbilanz-Coach, ist Seniorberaterin bei KOBRA Beruf | Bildung | Arbeit, Berlin.

Als externer Beobachter der Situation könnte man, je nach Blickwinkel, den Eindruck gewinnen, dass es gar nicht so viele berufstätige Angehörige gibt. Die Allgemeingesellschaft verbindet mit Pflege nach wie vor meist Alter – sowohl bei Pflegebedürftigen als auch bei pflegenden Angehörigen. Außerhalb von Fachgremien besteht oft der Eindruck, die größte Gruppe pflegender Angehöriger seien Rentner/innen, die zweitgrößte Gruppe seien „Hausfrauen" (die bekanntlich auch seltener werden) und die drittgrößte Gruppe seien vielleicht, etwas spitz formuliert, geringfügig Beschäftigte und Arbeitslose.

Aber das stimmt nicht. Laut einer EU-Studie aus dem Jahre 2010 waren in Deutschland 63 % der weiblichen und 73 % der männlichen pflegenden Angehörigen im Alter zwischen 25 und 64 Jahren berufstätig. Allerdings scheint, auch vor dem Hintergrund

---

1 Unter pflegenden Angehörigen werden im weiteren Text auch Freund/innen, Nachbar/innen und andere Bezugspersonen, also die sogenannte Wahlfamilie, subsummiert.

begrenzter Zeitressourcen, die Pflege eines Angehörigen tatsächlich erheblichen Einfluss auf die Erwerbsmöglichkeiten zu haben, denn in der Vergleichsgruppe ohne Pflegeverantwortung lag die Erwerbstätigkeit um 8 % höher.[2] Das bestätigt auch eine Studie des Instituts für Demoskopie Allensbach, wonach 10 % der berufstätigen Frauen nach Eintritt einer familiären Pflegesituation ihren Beruf aufgeben. Zu selten wird gefragt, ob zuerst die Arbeitslosigkeit oder die Pflegesituation da war!

Pflege erfordert einen hohen Zeitaufwand

Häufig führt, ungeachtet jeglicher weiterer Rahmenbedingungen, zunächst einmal ein sehr hohes Verantwortungsgefühl gepaart mit einer Art moralischer Verpflichtung zur Übernahme einer familiären Pflege. Natürlich spielt auch Zuneigung oder Liebe eine wichtige Rolle, und diese Gefühle sorgen dafür, dass der zeitliche Aufwand, die Dauer und die Ausprägung der Pflegeaufgabe zumindest in der Anfangsphase oft unterschätzt werden. Nach einer gewissen Pflegedauer bleibt für viele pflegende Angehörige die Verpflichtung bestehen, bei einem meist stetig steigenden zeitlichen Aufwand. Ein hoher Anteil pflegender Beschäftigter steht regelmäßig unter Zeitdruck. Viele von ihnen sind gezwungen, den zeitlichen Pflegeaufwand in die erwerbsfreie Zeit zu legen. Das hat zur Folge, dass sich ihr Zeitbudget für persönliche Erholung und soziale Kontakte stark reduziert.

Der Wunsch nach Vereinbarkeit von Erwerbstätigkeit und lebensphasenbezogenen familiären Anforderungen wird in der individuellen Beratung zunehmend thematisiert. Viele pflegende Angehörige wollen ihre Erwerbstätigkeit aus finanziellen Gründen aufrechterhalten, aber auch, um einen Ausgleich zu der belastenden Pflegesituation zu haben, Anerkennung im Beruf zu erfahren und soziale Kontakte zu erhalten. Eine fehlende „pflegefreundliche Arbeitskultur" und die damit verbundene Furcht der Betroffenen vor negativen Reaktionen von Vorgesetzten und Kolleg/innen haben jedoch zur Folge, dass sie sich oftmals nicht trauen, den Wunsch nach einer Lösung, um Beruf und Pflege zu verbinden, offen auszusprechen.

Ein Karriereknick und andere Repressalien werden befürchtet, da die Pflege eines Angehörigen von Außenstehenden nur als psychisch und körperlich belastend angesehen wird und das Vorurteil besteht, dass dies auf Kosten der Leistungsfähigkeit des Mitarbeiters/der Mitarbeiterin geht. Ein Bewusstsein dafür, dass die Unterstützung von Mitarbeiter/innen in einer solch entscheidenden Lebensphase auch Vorteile für Kolleg/innen und Betrieb mit sich bringt, wie etwa zusätzliche soziale Kompetenz, Loyalität und emotionale Bindung, ist selten. Es wird nicht gesehen, dass meist eine hohe emotionale Qualität und ein hohes Verantwortungsgefühl zur Übernahme einer familiären Pflege führen.

---

2   www.destatis.de/Europa/DE/Thema/BevoelkerungSoziales/Arbeitsmarkt/ErwerbPflege.html## (20. Februar 2016).

Damit bleibt das Thema im Unternehmen weiterhin tabuisiert und pflegende Angehörige „outen" sich häufig erst, wenn die Belastung so stark wird, dass ein Zusammenbruch bevorsteht. Zu den gesundheitlichen Folgen für pflegende Angehörige im erwerbsfähigen Alter gibt es inzwischen Studien, sogar von den Pflegekassen.[3]

Ist es zeitlich möglich, Beruf und Pflege miteinander zu verbinden?

Im Prinzip lautet die Antwort: ja – wenn alle Beteiligten dazu bereit sind. Aber es gibt keine Patenlösung. Die Pflegesituationen, in denen Angehörige aktiv sind, variieren genauso stark wie die Ursachen für die Pflegebedürftigkeit und die Pflegebedürftigen selbst. Der zeitliche Aufwand, den Angehörige als Hauptpflegepersonen aufbringen müssen, ist stark von äußeren Faktoren abhängig. Zum zeitlichen Umfang gibt es Erhebungen und Untersuchungen. Je nach Untersuchungssetting und Auswertungsmethodik variieren die Ergebnisse von durchschnittlich 3–6 Stunden pro Woche bis zu einem durchschnittlichen Pflegeumfang von etwa 37 Stunden. Hieraus wird gefolgert, dass eine Vereinbarkeit von Beruf und Pflege aufgrund zeitlicher Ressourcen nahezu unmöglich ist.

Betrachtet man die große Gruppe pflegender Angehöriger aber genauer, erkennt man, dass eine relativ große Anzahl von ihnen weniger zeitliche Ressourcen aufbringen muss als die oben genannten 37 Stunden pro Woche. Für eine erste Einschätzung der möglichen Vereinbarkeit von Beruf und Pflege erscheint der Ansatz, den das Zentrum für Qualität in der Pflege (ZQP) gewählt hat, als sinnvoll (ZQP 2016). Hier wurde bei den Befragten nur unterschieden zwischen „Pflege" und „intensiver Pflege" (mehr als eine Stunde täglich). Das Ergebnis zeigt deutlich, dass es ein Bedürfnis gibt, in einer Pflegesituation seinen Beruf zu behalten. Pflegende Angehörige wünschen sich zwar eine leichte Reduzierung der Arbeitszeit, allerdings fällt diese eher gering aus. Selbst pflegende Angehörige mit einem erheblichen Pflegeaufwand und einem Pflegebedürftigen im eigenen Haushalt wollen ihre Arbeitszeit nach dieser Studie bei 28 Wochenstunden behalten. Kritisch schätzen pflegende Angehörige selbst die Situation erst bei schwer an Demenz erkrankten Angehörigen ein, die praktisch eine Betreuung rund um die Uhr brauchen. Erst dann wird Zeit tatsächlich zum entscheidenden Problem.

Eine familienbewusste Arbeitswelt und „gestärkte" pflegende Erwerbstätige, die sich trauen, ihre Situation bei ihren Vorgesetzten anzusprechen, sind wichtige Faktoren dafür, ob Vereinbarkeit gelingt oder nicht. Des Weiteren kommt es auf das Wissen um die möglichen Hilfen und auf Signale des Umfeldes an. Das Umfeld bzw. die Gesellschaft als Ganze sind deshalb so wichtig, weil sie es den pflegenden Angehörigen erleichtern können, über ihre Pflegesituation zu sprechen und individuelle Lösungen im Diskurs mit dem Umfeld und dem Arbeitgeber zu suchen.

---

3 www.sbk.org/fileadmin/user_upload/SBK_Daten_Fakten_Analyse_pfl._Angehoerige.pdf (20. Februar 2016); vgl. Techniker Krankenkasse 2014.

Für den oben genannten Themenreport des ZQP wurden auch Unternehmen unterschiedlicher Größe nach ihrer Einstellung zur Vereinbarkeit befragt. Dabei wurde ein großes Hindernis deutlich: Zwar halten die Personalentscheider mittlerweile zum überwiegenden Teil (76 %) angesichts des Fachkräftemangels die Vereinbarkeit von Pflege und Beruf für wichtig oder sehr wichtig, 72 % der Befragten hielten aber kein spezielles Konzept zur Eingliederung pflegender Angehöriger in ihre Arbeitsprozesse vor. Bei mittelständischen Betrieben unter 250 Mitarbeiter/innen hielten sogar nur 13 % spezifische Angebote vor. Es scheint also eine erhebliche Diskrepanz zwischen Anspruch und Wirklichkeit zu geben.

Mit dem Unternehmensprogramm „Erfolgsfaktor Familie" (www.erfolgsfaktor-familie. de [27. Februar 2016]) setzt sich beispielsweise das Bundesfamilienministerium zusammen mit den Spitzenverbänden der deutschen Wirtschaft und dem Deutschen Gewerkschaftsbund für Familienfreundlichkeit in den Unternehmen ein. Dies ist ein wichtiger Schritt, um Unternehmensleitungen und Führungskräfte für die Thematik zu sensibilisieren und ihnen Handlungshilfen zu geben (vgl. dazu auch Beermann in diesem Band).

Beratung für pflegende Angehörige

Gerade weil es keine öffentliche Wahrnehmung gibt und es in vielen Fällen an innerbetrieblichen Diskursen zur Thematik fehlt, sind pflegende Erwerbstätige dankbar, wenn sie bei der Beantwortung der Frage, wie in ihrem konkreten Fall eine Vereinbarkeit gelingen kann, Unterstützung erfahren. In der individuellen Beratung werden die Betroffenen ermutigt und fachkompetent dabei begleitet, ihre Anliegen zu formulieren und anschließend ein persönliches (Familien-)Pflegezeitmodell zu erarbeiten, das die Situation ihres Unternehmens und ihre persönliche Berufs- und Lebensplanung berücksichtigt.

In der Beratung zur Vereinbarkeit von Beruf und Pflege bei KOBRA Beruf | Bildung | Arbeit, Berlin, wird hierfür das Arbeitsbewältigungs-Coaching® (AB-C®) angewendet.[4] Ziel dieser Methode ist es, die aktuelle Arbeitsbewältigungskonstellation der/des pflegenden Erwerbstätigen zu ermitteln und gemeinsam mit ihm/ihr mögliche individuelle und unternehmensbezogene Handlungsansätze zu erarbeiten, um, je nach individuellem Ergebnis, die Arbeitsbewältigungsfähigkeit zu erhalten bzw. zu verbessern. Das persönlich-vertrauliche „Arbeitsbewältigungs-Coaching®-Gespräch" dauert ca. eine Stunde und liefert dem/der pflegenden Erwerbstätigen eine Kurzdiagnose der aktuellen Arbeitsbewältigung mit Prognose zur weiteren Entwicklung.

Zu Beginn des Coaching-Gesprächs wird die Arbeitsbewältigungsfähigkeit anhand des Fragebogens „Arbeitsbewältigungs-Index" ermittelt (Geißler-Gruber u.a. 2007). Der Arbeitsbewältigungs-Index (ABI)[5] ist ein spezifisches Instrument der Gefährdungsbeurtei-

---

4 http://www.inqa.de/SharedDocs/PDFs/DE/Publikationen/inqa-38-arbeitsbewaeltigungscoaching.pdf?__blob=publicationFile (27. Februar 2016).

5 http://www.arbeitsfaehigkeit.uni-wuppertal.de/index.php?der-wai (27. Februar 2016).

lung (subjektive Beanspruchung). Er gibt den Grad der Arbeitsbewältigungskonstellation (sehr gut, gut, mäßig, kritisch) an und beschreibt das Potenzial eines Menschen, eine Arbeitsanforderung zu einem gegebenen Zeitpunkt zu bewältigen. Die individuellen Voraussetzungen (körperlich, mental, sozial) stehen in Wechselwirkung mit den Arbeitsanforderungen und führen je nach Ressourcenlage der Betroffen zu einem konkreten Zeitpunkt zu einer Balance oder Disbalance in der Arbeitsbewältigung. In der Beratung bei KOBRA werden auch die Anforderungen, die sich aus der Pflege ergeben, berücksichtigt, um die zeitliche Doppelbelastung durch Erwerbstätigkeit und Pflege im Blick zu haben. Im zweiten Teil des Arbeitsbewältigungs-Coaching-Gespräches werden individuelle und betriebliche Handlungsansätze (Förderthemen) erfasst.

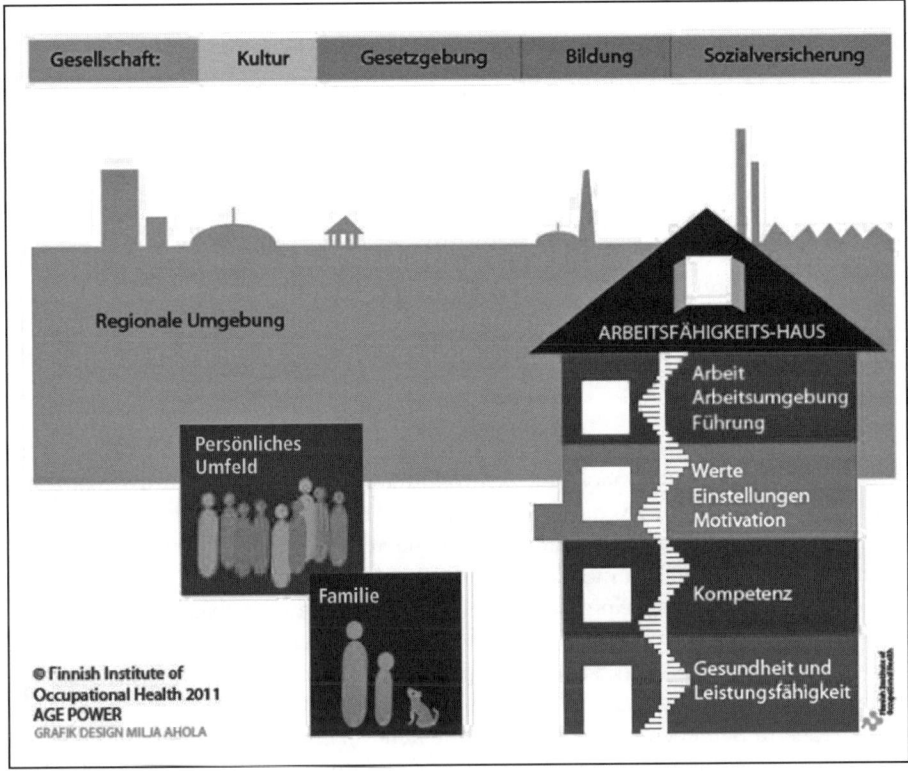

Abb. 1: Das Haus der Arbeitsfähigkeit (aus: Tempel/Ilmarinen 2013)

Das AB-C® basiert auf dem theoretischen Konstrukt des Hauses der Arbeitsfähigkeit von J. Ilmarinen (Tempel/Ilmarinen 2013; siehe Abb. 1). Die pflegenden Angehörigen werden durch die Beraterin in dem Prozess begleitet und bestärkt, ihre Arbeitssituation und Pflegesituation kritisch zu reflektieren und Handlungsansätze in den Förderfeldern Gesundheit, Arbeitsbedingungen, Führung und Arbeitsorganisation sowie Kompetenzen zu formulieren. Dabei geht es zum einen um die Vereinbarung individueller Förderziele mit den Befragten, um ihre Arbeitsbewältigungsfähigkeit zu erhalten bzw. zu verbessern, aber auch um den Förder- und Unterstützungsbedarf durch die Geschäftsführung oder die Führungskraft.

Das Thema Zeit nimmt hier einen erheblichen Raum ein, zum Beispiel in Form von temporärer Arbeitszeitreduzierung, Lage der Arbeitszeit, Arbeitsabläufe, Arbeitstage, Arbeitsort, Unterstützung durch Familienmitglieder bei der Pflege, um „Pflege-Auszeiten" zu erhalten, oder bei der Reflexion des machbaren Pflegeumfanges, um nur einige Aspekte zu nennen. Zum Abschluss wird mit dem/der Beschäftigten ein Selbstkontrakt für die Umsetzung der Maßnahmen vereinbart und die bearbeiteten Auswertungsblätter werden übergeben.

(Zeitliche) Flexibilität und Ressourcenmanagement sichern die Vereinbarkeit

Wie kann man also die Situation pflegender Angehöriger im Berufsleben nachhaltig verbessern? Welches sind die notwendigen Schritte, welche Maßnahmen sind zu ergreifen, welche sind wirksam? Die Antworten auf diese Fragen sind so vielfältig wie die Pflegesituationen selbst. In keinem Fall darf nachgelassen werden, dieses Thema immer wieder auf die öffentliche Tagesordnung zu rufen, sowohl politisch als auch medial. Dies ist Grundvoraussetzung für einen selbstverständlicheren Umgang mit der Thematik auf allen Seiten.

Für die gelebte Praxis ist es in jedem Fall notwendig, in Betrieben kreativ über bisher ungenutzte Möglichkeiten nachzudenken und nichts von vornherein auszuschließen. Eine Universallösung gibt es nicht. Sicher dürfte sein, dass die vielfältigen und ständig wachsenden Möglichkeiten des Internets ganz neue Ressourcen erschließen. Telearbeit ist in weit mehr Bereichen möglich als bislang praktiziert. Praktisch in allen Verwaltungsbereichen könnte so ein erheblicher Teil der Arbeit erledigt werden. Die persönliche Anwesenheit ist im Zeitalter von E-Mail & Co. praktisch nicht mehr notwendig. Selbst eine Face-to-face-Interaktion ist möglich, zum Beispiel via Skype, Facetime oder andere Dienstleister. Arbeitsgruppenabsprachen sind als Telefonkonferenzen machbar und werden in Betrieben mit einer weit verteilten Mitarbeiterschaft, zum Beispiel mit bundesweitem Vertrieb, längst aus Kostendämpfungsgründen praktiziert. Selbst bei Veränderungen des heute in fast allen Bereichen wesentlichen Arbeitsmittels der elektronischen Datenverarbeitung sind keine Praxisschulungen mit persönlicher Anwesenheit notwendig. Fernwartungsdienste und Webex-Meetings ermöglichen Schulungen und Aktualisierung bzw. Neueinrichtung von Computern und Smartphones fernab des eigentlichen Betriebes.

Es ist eine Frage der Priorisierung einerseits, wie sehr ein Betrieb bereit ist, solche modernen Möglichkeiten nicht nur zur Gewinnmaximierung, sondern auch zur Unterstützung der Mitarbeiterschaft einzusetzen. Und es ist andererseits eine Frage der eigenen Wahrnehmung und des damit verbundenen Selbstvertrauens der pflegenden Angehörigen, ob sie diese Optionen annehmen und ausprobieren, bevor sie gänzlich auf ihren Beruf verzichten.

Eine stärkere Fokussierung der Betriebe auf ihre pflegenden Mitarbeiter/innen kann einerseits betriebsintern durch eine entsprechende Infrastruktur, zum Beispiel die Einsetzung einer „Obfrau" oder eines „Obmanns" für Pflegefragen oder eines Mitglieds der Mitarbeitervertretung mit entsprechendem Schwerpunkt, erfolgen. Diese/r könnte beispielsweise auch in den Aushandlungsprozessen zur Familienpflegezeit gemeinsam mit Arbeitnehmer/innen und Arbeitgeber ein individuelles, für alle Seiten tragbares Beschäftigungskonzept erarbeiten.

Allerdings ist zu fragen, ob es politisch vielleicht notwendig ist, die Betriebe zu mehr proaktiver Initiative für ihre pflegenden Mitarbeiter/innen (denn die gibt es überall!) anzuhalten. Konzepte, wie es sie bezüglich der Beschäftigung anderer Gruppen mit Beschäftigungshindernissen bereits gibt, wie für Rückkehrende aus einer Langzeiterkrankung (Stichwort: Hamburger Modell) oder für Menschen mit einer Schwerbehinderung (§ 71 SGB IX), könnten hierbei als mittlerweile etablierte, gut funktionierende Beispiele der Arbeitsmarktpraxis herangezogen werden. Dabei geht es nicht primär darum, neue finanzielle Ressourcen für pflegende Angehörige zu erschließen, sondern die Betriebe zur Beschäftigung mit der Thematik anzuregen.

Darüber hinaus würde man durch eine entsprechende Gesetzgebung die Kreativität der Betriebe zur Beschäftigung von Pflegenden von der aktuellen Arbeitsmarktlage abkoppeln. Es darf nicht sein, dass Betriebe in Zeiten des Fachkräftemangels kreative Ideen dafür entwickeln, wie man pflegende Angehörige halten kann, und in Zeiten eines größeren Arbeitskräfteangebots diese Ressourcen für andere Betriebsinteressen aufwenden. Die Rolle und Stellung der pflegenden Angehörigen in unserer Gesellschaft sind volkswirtschaftlich ebenso wie ethisch und moralisch von immanenter Bedeutung.

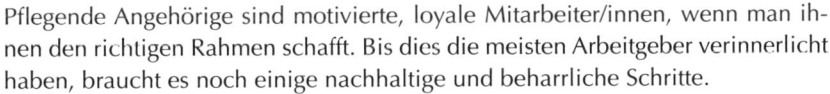

Pflegende Angehörige sind motivierte, loyale Mitarbeiter/innen, wenn man ihnen den richtigen Rahmen schafft. Bis dies die meisten Arbeitgeber verinnerlicht haben, braucht es noch einige nachhaltige und beharrliche Schritte.

Literatur

Geißler-Gruber, B./Geißler, H./Frevel, A. (2007): Arbeitsbewältigungs-Coaching als Antwort auf veränderte Bedürfnisse und Arbeitswelten, in: „Der Work Ability Index" – Erfahrungsberichte aus der Praxis, Dortmund.

Rothgang, H. u.a. (2010): BARMER GEK Pflegereport 2010, Schwäbisch Gmünd.

Techniker Krankenkasse (Hrsg.) (2014): Gesundheitsreport 2014, Hamburg.

Tempel, J./Ilmarinen, J. (2013): Arbeitsleben 2025. Das Haus der Arbeitsfähigkeit im Unternehmen bauen (Hrsg. Giesert, M.), Hamburg.

ZQP – Zentrum für Qualität in der Pflege (2016): Themenreport Vereinbarkeit von Beruf und Pflege, Berlin.

Christa Beermann

Das Tabu brechen und aktiv Lösungen anbieten: Wie Unternehmen die Vereinbarkeit von Beruf und Pflege unterstützen können

Auch Unternehmen profitieren davon, wenn ihre Beschäftigten Beruf und Pflege vereinbaren können. Dennoch fürchten viele Kosten und organisatorischen Aufwand entsprechender Unterstützungsangebote. Basierend auf der Kampagne „arbeiten–leben–pflegen" im Ennepe-Ruhr-Kreis werden in diesem Beitrag Ansätze und Instrumente vorgestellt, mit denen Unternehmen die Vereinbarung von Erwerbsarbeit und Pflege erleichtern können.

Immer mehr ältere Menschen benötigen Unterstützung und Pflege, immer mehr „pflegende Angehörige" müssen Sorgearbeit mit Berufstätigkeit vereinbaren – vor allem Frauen. Etwa 70 % der pflegenden Beschäftigten sind Frauen, die oft gleichzeitig (kleine) Kinder versorgen und dafür beruflich zurückstecken sowie Doppel- und Dreifachbelastungen in Kauf nehmen. Zeit ist das, was Beschäftigte, die ihre Angehörigen pflegen, am dringendsten brauchen und am wenigsten haben. Finden sie keine Unterstützung in ihren Unternehmen, bleibt vielen nur der Ausstieg aus dem Arbeitsleben.

Das hat Folgen nicht nur für die Beschäftigten: Unternehmen, die es versäumen, für eine gute Vereinbarkeit zu sorgen, schaden sich selbst, denn sie verzichten auf dringend benötigte Fachkräfte – Frauen wie Männer. Gute betriebliche Angebote zur Vereinbarkeit nützen pflegenden Beschäftigten, Unternehmen und der Wirtschaft – und sind oft einfacher zu realisieren als gedacht. Schlechte Vereinbarkeit ist ein Kostenfaktor: Personalfluktuation, vollständiger oder teilweiser Ausstieg aus dem Beruf, Krankheit aufgrund von Mehrfachbelastung. Gute Vereinbarkeitslösungen dagegen führen zu höherer Motivation, Konzentration und damit besserer Produktivität der Beschäftigten, zum Erhalt von Know-how, zu weniger Fehlzeiten und einer besseren Burnout-Prophylaxe (zum betriebswirtschaftlichen Nutzen von Vereinbarkeit vgl. Gerlach u.a. 2013).

Betroffene brauchen Offenheit und Öffentlichkeit

Die Pflege von Angehörigen ist fast immer ein Tabu. Viele Unternehmen leugnen den Bedarf an Lösungen für eine bessere Vereinbarkeit, pflegende Beschäftigte trauen sich oft nicht, ihre Situation im Unternehmen zu thematisieren, aus Angst vor beruflichen Nachteilen. Also regeln sie die private Angehörigenpflege individuell, reduzieren ihre Arbeitszeit oder geben sogar ihren Job ganz auf. Dabei kann Erwerbstätigkeit auch eine

Ressourcenquelle sein, weil sie sozialen Kontakt, Anerkennung, Selbstbestätigung und eine kleine Auszeit aus dem Pflegealltag bedeutet – und nicht nur hohes Vereinbarkeitsmanagement erfordert. Unterstützungsangebote in Unternehmen sollten Angehörigen helfen, (Zeit-)Souveränität (zurück-)zugewinnen, Doppel- und Dreifachbelastungen zu reduzieren, ihren Alltag zwischen Beruf und Pflege zu gestalten.

Dazu müssen Verantwortliche in Unternehmen die Bedarfe ihrer Beschäftigten kennen! Hier ist noch viel Aufklärung nötig, denn auch die, denen die Relevanz des Themas bewusst ist, wissen oft nicht, was sie konkret tun könnten, befürchten hohe Kosten und organisatorischen Aufwand (berufundfamilie gGmbH/GfK Marktforschung 2011). 2012 startete das Netzwerk W(iedereinstieg)* im Ennepe-Ruhr-Kreis deshalb die Kampagne „arbeiten–pflegen–leben" zur Vereinbarkeit von Beruf und Pflege. Unternehmen soll(t)en für das Thema sensibilisiert und bei der Umsetzung betrieblicher Angebote unterstützt werden durch Informationsmaterialien, eine Servicemappe „Beruf und Pflege", Beratung sowie Veranstaltungen zum Austausch über Erfahrungen und praktische Ansätze: Öffentlichkeit gegen Tabus![1]

Transparenz schafft Vertrauen, Verantwortung ist Führungssache

Die Erfahrungen der Kampagne belegen drei wesentliche Faktoren für gute Vereinbarkeitslösungen: Auch vermeintlich „kleine" Angebote haben einen großen (Entlastungs-)Effekt; Transparenz und offensive Kommunikation sind das Herzstück und sensibilisierte Leitungskräfte schaffen das notwendige betriebliche Klima für die Umsetzung. Ist die Geschäftsführung bereit, Lösungen zu suchen, und informiert dazu die Beschäftigten, ist der erste wichtige Schritt getan. Mitarbeiterinnen und Mitarbeiter mit Pflegeverantwortung erleben schon diese Offenheit als Entlastung; sie werden ermutigt, ihren Spagat zwischen Arbeit und Pflege anzusprechen.

Christa Beermann
ist Demografiebeauftragte im Ennepe-Ruhr-Kreis, Koordinatorin des Netzwerks W(iedereinstieg) Ennepe-Ruhr und Leiterin der Kampagne „arbeiten–pflegen–leben". E-Mail: Christa.Beermann@en-kreis.de

Eine Unternehmenskultur von Offenheit und aktiver Ansprache braucht das Engagement von Schlüsselpersonen in Unternehmen: Führungskräfte, Personaler/innen oder auch Betriebsräte bzw. Personalvertretungen, die von sich aus signalisieren, dass sie gemeinsam mit den betroffenen Beschäftigten Lösungen finden wollen. Weil sie Verantwortung für eine reibungslose Umsetzung tragen, müssen sie informiert und von der Relevanz des Themas überzeugt sein. Nicht selten müssen sie dafür selbst sensibilisiert und qualifiziert werden.

---

1 Alle Materialien und diverse Informationen auf der Website der Kampagne: http://www.arbeiten-pflegen-leben.de (26. Februar 2016).

Warmstart: Vereinbarkeitslösungen übertragen und individuelle Lösungen finden

Beim Thema Vereinbarkeit von Pflege und Beruf beginnt kaum ein Unternehmen „bei null", denn viele haben längst Angebote für eine bessere Vereinbarkeit von Beruf und Kindern. Die lassen sich für die Vereinbarkeit von Beruf und Pflege (angepasst) übertragen und sind meist auch für kleine und mittlere Unternehmen mit geringem Aufwand umzusetzen – zum Beispiel Vertretungsmanagement für einen kurzfristigen Ausfall, Gleitzeit, Vertrauensarbeitszeit oder Erreichbarkeit für die Angehörigen am Arbeitsplatz zu ermöglichen.

Flexible Arbeitszeit- und Organisationsregelungen sind zentrale Unterstützungsangebote. Hierzu gehören beispielsweise Regelungen wie Aufhebung der Kernzeit oder Arbeitsbefreiung in akuten Notfällen, Homeoffice, Teilzeitarbeit „auf Zeit", unkomplizierte Freistellungen, „Sabbatical"-Lösungen, Jahresarbeitszeitkonten und Sonderurlaube für Pflegende. Je nach Branche und Unternehmensstruktur muss jedes Unternehmen aus den vorhandenen Vereinbarkeitskonzepten eine individuelle, passgenaue Lösung finden.

Für Beschäftigte sind auch „kleine" Entlastungen hilfreich: das Thema offen ansprechen, Adressenlisten von Beratungsstellen und Dienstleistungsangeboten zur Verfügung stellen, kurze Internetrecherchen zulassen, Betroffenengruppen einrichten, Pflegeberatung zur Personalversammlung einladen, unterstützende (haushaltsnahe) Dienstleistungen wie Wasch-/Bügelservice vermitteln oder die Möglichkeit, Kantinenessen für Familienangehörige mitzunehmen.

Mehr als acht Jahre ist die durchschnittliche Pflegedauer und mehr als jede/r vierte Beschäftigte wendet täglich über zwei Stunden für sogenannte Care-Arbeit auf (BMFSFJ 2012, 9 ff.). Das sind statistische Daten. Aber jede Pflegesituation ist anders und jedes Unternehmen, jede Organisation unterscheidet sich von anderen durch eine eigene (Arbeits-)Organisation, Kultur und Größe. Folglich müssen viele individuelle Lösungen gefunden werden – passend zur pflegenden Person und passend zum Unternehmen. Telearbeit ist hilfreich, wenn es um Bürotätigkeiten geht. In der Produktion oder im Verkauf nützt sie wenig, da helfen zum Beispiel Vertretungs- und Notfallregelungen oder die zügige Vermittlung an Beratungsstellen vor Ort.

Betroffene einbeziehen, Nicht-Betroffene „mitnehmen"

Kostengünstige und alltagstaugliche Lösungen lassen sich am effektivsten gemeinsam mit den Betroffenen entwickeln. Sie sind Expertinnen und Experten, wissen, was am Arbeitsplatz benötigt wird, bei der privaten Sorgearbeit entlastet und Vereinbarkeit verbessert. Für eine möglichst konfliktfreie, reibungslose und erfolgreiche Umsetzung müssen aber auch Kolleginnen und Kollegen „mitgenommen" werden, die aktuell (noch) nicht betroffen sind. Ihr Verständnis wird gebraucht – nicht nur, wenn sie zum Beispiel Mehrarbeit übernehmen müssen.

Eine (schriftliche) anonyme Befragung der Beschäftigten[2] hilft, den Bedarf kennenzulernen und herauszufinden, welche Lösungsangebote effektiv wären. Die Fragen sollten signalisieren, dass pflegende Beschäftigte als Expertinnen und Experten für mögliche Vereinbarkeitshilfen gesehen werden, die wissen, was an ihrem jeweiligen Arbeitsplatz für einen reibungslosen Ablauf notwendig und realisierbar ist und von welchen Angeboten sie selbst am meisten profitieren.

Der Fragebogen lässt sich mit der monatlichen Lohn- oder Gehaltsabrechnung verteilen. Ein begleitendes Schreiben der Geschäftsleitung erläutert, wozu die Befragung dient, und lädt ausdrücklich mit Ansprache und Unterschrift zur Beteiligung ein. Das Schreiben muss auch Befürchtungen entkräften, es gehe darum, die „weniger Belastbaren" im Unternehmen zu identifizieren.

Einfach und wirkungsvoll: mit Fachleuten kooperieren

Für betriebsinterne Beratungs- und Vermittlungsangebote sowie Serviceleistungen sind Kooperationen mit Pflege- und Wohnberatungsstellen, stationären Pflegeeinrichtungen oder ambulanten Diensten hilfreich. Im Rahmen von Personalversammlungen oder zu speziellen Terminen kann über die (regionale) Beratungsstruktur informiert werden. In Nordrhein-Westfalen (NRW) gibt es in allen Kommunen sogenannte Pflegestützpunkte/ -beratungsstellen, die kostenlos, anonym und unabhängig beraten und (über-)regionale Unterstützungsangebote kennen. Darüber hinaus beraten Wohnberatungsstellen zu Fragen der Wohnraumanpassung und des barrierearmen Wohnens, machen ebenfalls Hausbesuche und kooperieren auf Anfrage mit Unternehmen. Neben den Wohnberatungsstellen in den Kommunen gibt es beispielsweise in NRW die überregional tätige Wohnberatungsstelle des Forschungsinstituts Technologie und Behinderung (FTB, http:// ftb-esv.de [26. Februar 2016]) und das Zentrum für Gerontotechnik in Iserlohn, die zudem über entsprechende Ausstellungen verfügen (http://www.gerontotechnik.de/ausstellung1.html [26. Februar 2016]).

Im Ennepe-Ruhr-Kreis entstand im Rahmen der Kampagne „arbeiten–pflegen–leben" eine Kooperation zwischen Unternehmen und Beratungsstellen. Bei Veranstaltungen informieren Letztere oder die Pflegekoordinatorin des Kreises über ihre Angebote, gehen auf Anfrage zu Beratungen/Sprechstunden in die Unternehmen, zu Betriebs- bzw. Personalversammlungen und können (kostenlos) für Vorträge zu speziellen Fragen (zum Beispiel vorsorgende Regelungen) gebucht werden. So werden Hilfelandschaft und Unternehmen unbürokratisch miteinander vernetzt.

---

2 Ein exemplarischer Fragebogen findet sich unter http://www.arbeiten-pflegen-leben.de/fileadmin/doc/instrumente/Beruf_und_Pflege-Bedarf_ermitteln.pdf (1. März 2016).

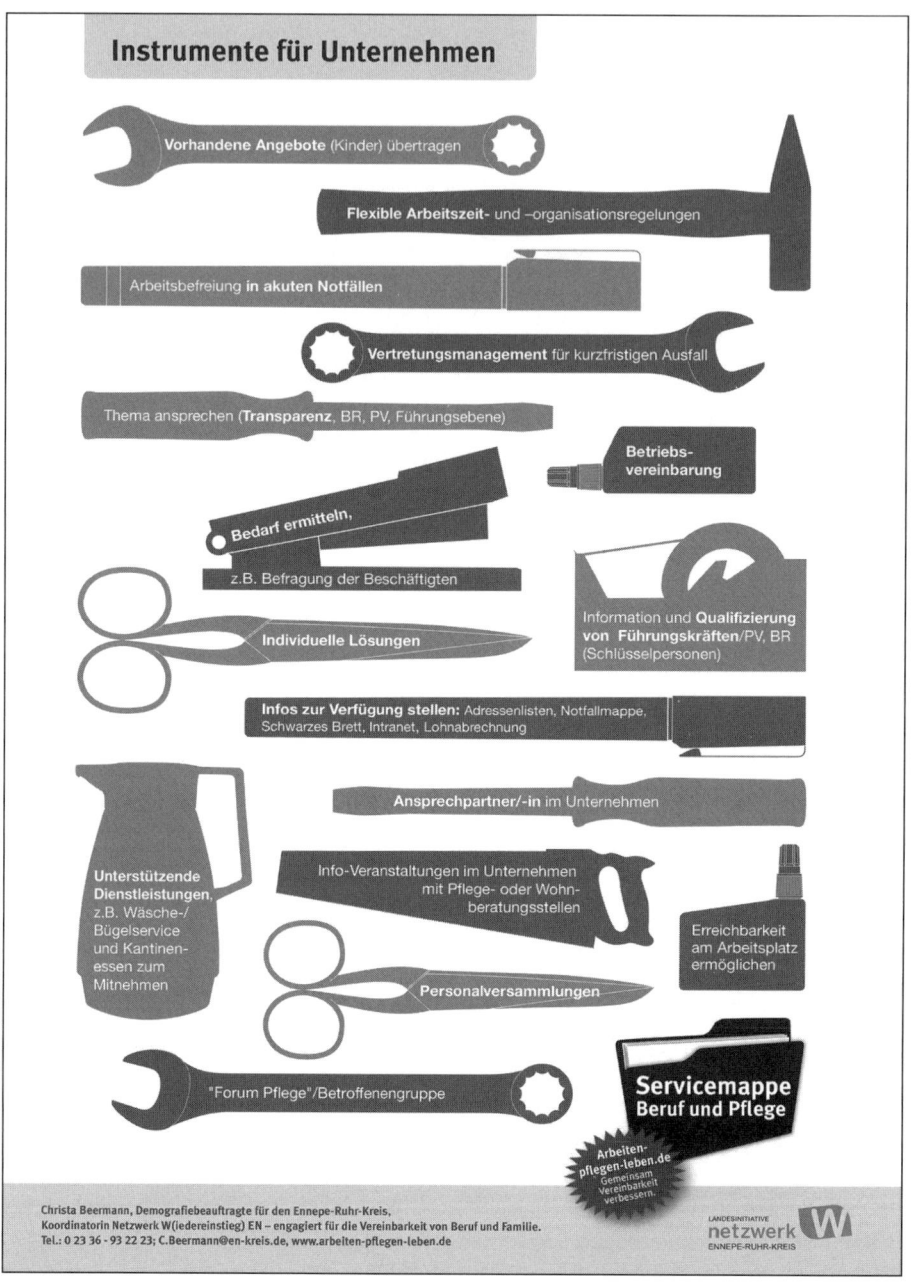

Informationen für Beschäftigte über Beratungsstellen oder Anbieter sind vergleichsweise leicht zu beschaffen: Adressenlisten regionaler Beratungsstellen und Unterstützungsangebote stellen beispielsweise (in NRW) die Pflegeberater/innen der Städte und die Pflegekoordination der Kreise zur Verfügung oder die entsprechenden Ministerien.[3] Die Informationsvermittlung lässt sich unaufwendig regeln: bei Personalversammlungen oder speziellen Informations- oder Beratungsangeboten, im Intranet, am „Schwarzen Brett", in der Mitarbeiterzeitschrift oder über die Lohn-/Gehaltsabrechnung. Im Ennepe-Ruhr-Kreis können Unternehmen, Beschäftigte und Beratende auf eine „Servicemappe Beruf und Pflege" zurückgreifen, deren digitale Version unter www.arbeiten-pflegen-leben.de abzurufen ist und die neben (über-)regionalen Adressenlisten vielfältige Informationen enthält.

Lotsen an Bord!

Die an der Kampagne im Ennepe-Ruhr-Kreis beteiligten Unternehmen verpflichten sich, eine Ansprechperson für ihre pflegenden Beschäftigten zu benennen – eine Lotsin bzw. einen Lotsen. Diese geben Informationen zu rechtlichen Rahmenbedingungen und eventuell speziellen Regelungen in den jeweiligen Unternehmen. Sie stellen Informationen und Adressenlisten von Beratungsstellen zur Verfügung, sind – je nach Auftrag – ansprechbar für Einzelfälle und individuelle Beratung. Einige der beteiligten Unternehmen, insbesondere Kommunen, bilden außerdem Arbeitsgruppen oder sogenannte Kompetenzteams, in denen beispielsweise Personalabteilung, Personalvertretung, Gleichstellungsbeauftragte und die Lotsin/der Lotse als Ansprechperson der Beschäftigten vertreten sind.

Der offizielle Auftrag an eine betriebsinterne Ansprechperson ist wichtig als Signal an die Belegschaft, dass die Vereinbarkeit von Beruf und Pflege ernst genommen wird – und sorgt für Nachhaltigkeit und dauerhafte Präsenz des Themas im Unternehmen. Als Daueraufgabe gehört es auf die betriebliche Agenda – auch dafür sorgt die Lotsin/der Lotse.

Betriebsvereinbarung

Nicht alle Unternehmen haben eine Betriebsvereinbarung.[4] Schriftliche, abgestimmte und verbindliche Regelungen signalisieren allerdings die Ernsthaftigkeit von Angeboten, geben den Beschäftigten Rechtssicherheit, lassen sie nicht zu „Bittsteller/innen" werden und schützen vor unberechenbarer Gewährungspraxis. Betriebsvereinbarun-

---

3   http://www.mgepa.nrw.de/pflege/Ratgeber;   http://www.bmg.bund.de/themen/pflege;   http://bdb.zqp.de/#/home (26. Februar 2016).

4   Siehe http://www.arbeiten-pflegen-leben.de/fileadmin/doc/faq/Betriebsvereinbarung.pdf und http://www.arbeiten-pflegen-leben.de/haeufig-gestellte-fragen.html (26. Februar 2016). Ein Überblick zu betrieblichen Vereinbarungen findet sich unter: http://www.boeckler.de/index_betriebsvereinbarung.htm (26. Februar 2016).

gen können beispielsweise Regelungen zu betriebsinterner Freistellung für die Pflege von Angehörigen beinhalten (Dauer, Anspruchsvoraussetzungen, Anspruchsberechtigte, Verfahren der Beantragung, Rückkehrregelungen, Maßnahmen zur Vorbereitung für den Wiedereinstieg, Festlegung der Ansprüche auf gleichwertigen Arbeitsplatz), zum Erhalt beruflicher Qualifikationen und Kontakthaltemöglichkeiten während der Freistellung oder zu speziellen Formen der Arbeitsorganisation wie Telearbeit.

Alternativ zu Betriebsvereinbarungen werden in einigen Unternehmen Einzelfalllösungen schriftlich fixiert, um sie nachvollziehbar zu machen und für eventuelle Folgefälle zu dokumentieren. Es gilt, die Balance zu finden zwischen der Flexibilität individueller Lösungen und der Verbindlichkeit, die (neuen) Betroffenen Sicherheit und Orientierung gibt.

Fazit: Transparenz und Beteiligung macht praxistauglich

Erfahrungen der Kampagne sowie Rückmeldungen weiterer Unternehmen zeigen, dass Transparenz und Kommunikation zentrale Voraussetzungen für einen erfolgreichen Prozess sind – „angeführt" von einer offenen, positiven Haltung der Leitung/Geschäftsführung. Alltagstaugliche und kostengünstige Lösungen gelingen, wenn man die Betroffenen einbezieht und die (noch) nicht betroffenen Kolleginnen und Kollegen „mitnimmt". Mit der Benennung einer Ansprechperson, die das Thema auf der betrieblichen Agenda hält und die Mitarbeiter/innen informiert und berät, signalisieren Geschäftsleitung und Vorgesetzte ernsthaftes Interesse, Lösungen zu entwickeln.

Angebote, die Kosten verursachen, sollten von Betrieben als Investition verstanden werden, denn: Das Einzige, was auf die Dauer teurer ist als Vereinbarkeit, ist mangelnde Vereinbarkeit!

Literatur

berufundfamilie gGmbH/GfK Marktforschung (2011): Repräsentative Online-Befragung 500 deutscher Unternehmen unterschiedlicher Größe, Nürnberg.

BMFSFJ – Bundesministerium für Familie, Senioren, Frauen und Jugend (2012): Nachhaltige Familienzeitpolitik gestalten – Wege für eine bessere Vereinbarkeit von Beruf und Pflegeaufgaben finden, Berlin.

Gerlach, I. u.a. (2013): Status quo der Vereinbarkeit von Beruf und Familie in deutschen Unternehmen sowie betriebswirtschaftliche Effekte einer familienbewussten Personalpolitik, Ergebnisse einer repräsentativen Studie, Münster/Berlin, http://www.ffp.de (26. Februar 2016).

Die Kampagne „arbeiten–pflegen–leben"

startete 2012 im Ennepe-Ruhr-Kreis, initiiert durch das Netzwerk W(iedereinstieg). Auf Postkarten und Plakaten sowie im Internet treten Unternehmen und pflegende Angehörige offensiv für das Thema Vereinbarkeit ein. Die Unternehmen verpflichten sich zur Unterstützung pflegender Beschäftigter mit dem Motto: „Sie pflegen? Wir unterstützen Sie". Pflegende machen anderen Pflegenden Mut mit persönlichen Statements wie: „Ich pflege meine Mutter". Inzwischen ist aus der Kampagne eine Regionalinitiative geworden, in der Unternehmen sich vernetzen, zum Informations- und Erfahrungsaustausch treffen und gemeinsam neue Ideen und Angebote entwickeln. Dafür wurde die Kampagne im Oktober 2015 mit dem ersten Preis beim Ideenwettbewerb Kooperation Ruhr „Demografischer Wandel als Fortschrittsfaktor" von der Brost-Stiftung, dem Bistum Essen und dem Regionalverband Ruhr ausgezeichnet als „ein Projekt, das Modell und Vorbild für die gesamte Region ist". Weitere Informationen und alle Medien der Kampagne unter http://www.arbeiten-pflegen-leben.de.

Netzwerk W(iedereinstieg) Ennepe-Ruhr

Das Netzwerk ist eine kreisweite Initiative regionaler Akteurinnen und Akteure. Es engagiert sich für den Wiedereinstieg von Frauen ins Erwerbsleben und die Vereinbarkeit von Beruf und Familie/Pflege. Das Netzwerk ist Teil der vom Ministerium für Gesundheit, Emanzipation, Pflege und Alter des Landes NRW (MGEPA) geförderten Landesinitiative in NRW (www.netzwerkW-expertinnen.de).

Axel Plünnecke

Kosten-Nutzen-Analyse einer kommunalen Familienzeitpolitik – ein erster Blick auf die Nutzen der Betreuungszeiten von Kitas und Schulen

Das Institut der deutschen Wirtschaft Köln (IW) untersucht Kosten und Nutzen kommunaler Familienzeitpolitik gemeinsam mit dem Finanzwissenschaftlichen Forschungsinstitut an der Universität zu Köln (FiFo) und der IW Consult in einem Forschungsprojekt des Bundesministeriums für Familie, Senioren, Frauen und Jugend (BMFSFJ). Da das Forschungsvorhaben noch nicht abgeschlossen ist, wird ein erster Einblick in das Framework der Studie und den Nutzen einer Verbesserung von zeitlichem Umfang und Flexibilität der Betreuungsangebote gegeben.

Das Framework für die Kosten-Nutzen-Analyse definiert Zeit für Familien als ein knappes Gut. Familien können im Rahmen ihres begrenzten Zeitbudgets ihre Lebenszufriedenheit steigern und Zeitkonflikte und Stress vermeiden, wenn sie die für ein gelingendes Familienleben notwendigen Aktivitäten realisieren können. Sie können ihren Familienalltag nach eigenen Vorstellungen gestalten. Beispielsweise können sich Väter mehr in die Familien einbringen und Mütter ihre Erwerbswünsche besser realisieren, wenn die einzelnen Zeitbedarfe besser synchronisiert werden – zum Beispiel Betreuungszeiten und mögliche Arbeitszeiten (Geis/Plünnecke 2014).

Die lokale Ebene gestaltet viele der für Familien relevanten Zeitstrukturen, so Schul- und Betreuungszeiten, Zeitstrukturen von Freizeitangeboten für Kinder und Erwachsene, Ladenöffnungszeiten und Servicezeiten in Dienstleistungsunternehmen und Behörden sowie die Verkehrszeiten im öffentlichen Personennahverkehr (ÖPNV). In Unternehmen vor Ort werden die Arbeitszeiten ausgehandelt. Eine gezielte Zeitpolitik für Familien ist folglich auf lokaler beziehungsweise kommunaler Ebene zu gestalten und umfasst informationsbezogene und bildungspolitische Ansätze (Possinger 2011).

Kommunale Familienzeitpolitik kommt nicht nur den Familien vor Ort zugute. So stärkt beispielsweise eine bessere Vereinbarkeit von Familie und Beruf durch längere Kita-Öffnungszeiten und Ganztagsschulen auch die lokale Wirtschaft, erhöht das Fachkräfteangebot (Bock-Famulla 2003; Geis/Plünnecke 2013) und macht Kommunen für junge Familien als Wohnort attraktiver (Ebertz 2008). Obschon diese positiven Wirkungen längst bekannt sind, liegen bisher nur wenige quantitative Analysen vor, die die Kommunen bei der Entscheidung über Etablierung und Ausbau einer kommunalen Familienzeitpolitik unterstützen können.

Definition kommunaler Familienzeitpolitik

Um die Kosten und Nutzen kommunaler Familienzeitpolitik zu bestimmen, ist diese zunächst von anderen Bereichen abzugrenzen. Einzelne Maßnahmen, wie ein Ausbau der ÖPNV-Angebote, werden in einigen Kommunen der kommunalen Familienzeitpolitik zugeschrieben und in anderen nicht. Vor diesem Hintergrund werden im Forschungsprojekt solche Maßnahmen der kommunalen Familienzeitpolitik zugeordnet, die die folgenden Bedingungen erfüllen:

- Gestaltung und Umsetzung auf kommunaler Ebene (das gilt etwa nicht für den gesetzlichen Ladenschluss),
- Familien als Zielgruppe der Maßnahmen (das gilt etwa nicht für die Gestaltung der Sperrstunde),
- direkter Zusammenhang mit den Zeitgestaltungsmöglichkeiten (das gilt etwa nicht für finanzielle Leistungen für Familien),
- spürbare Wirkung (das gilt etwa nicht für eine reine Bedarfsanalyse, die nichtsdestotrotz eine wichtige Grundlage für die Etablierung einer kommunalen Familienzeitpolitik darstellt).

Prof. Dr. Axel Plünnecke ist Leiter des Kompetenzfelds Bildung, Zuwanderung und Innovation, Institut der deutschen Wirtschaft Köln. E-Mail: pluennecke@iwkoeln.de

Kommunale Familienzeitpolitik umfasst eine Reihe an Akteuren und Akteurinnen vor Ort (Geis/Plünnecke 2014). Vor diesem Hintergrund sollten eine Reihe von für Familien relevanten Akteuren und Akteurinnen sensibilisiert und eingebunden werden. Das sind insbesondere:

- kommunale Entscheidungsgremien, wie Städte-, Gemeinde- und Bezirksräte,
- Mitarbeiter/innen in Ämtern und Behörden, die die Maßnahmen vorbereiten und umsetzen,
- Betreuungseinrichtungen und Schulen,
- Vereine und Elterninitiativen vor Ort,
- Verkehrsbetriebe,
- ortsansässige Unternehmen und ihre Vertretungen (zum Beispiel Industrie- und Handelskammer),
- Träger von Beratungs- und Unterstützungsangeboten für Kinder, Jugendliche und Familien,
- Vertreter der Interessen von Familien, wie die lokalen Bündnisse, Elternvertretungen und Familien- und Wohlfahrtsverbände.

Die Familien selbst können über verschiedene Beteiligungsformen wie Dialogveranstaltungen, Befragungen, Familien-Cafés eingebunden werden.

Maßnahmen im Detail

In der Regel bedarf es einer Vielzahl verschiedener Einzelmaßnahmen, um eine kommunale Familienzeitpolitik in ihren Wirkungen zu optimieren. Bereits kleinere Maßnahmen wie eine Ausdehnung oder Verlegung der Betreuungszeiten um eine halbe Stunde können in bestimmten Zusammenhängen relevante Wirkungen erzeugen. Allerdings eignen sie sich nicht für eine Kosten-Nutzen-Analyse, deren Ergebnisse für möglichst viele Kommunen anwendbar sein sollen. Daher werden die im Detail betrachteten Maßnahmen entlang folgender Kriterien ausgewählt und definiert:

- sie kommen möglichst vielen Familien zugute (das ist für die empirischen Analysen wichtig),
- sie ermöglichen ein klares Qualitätsranking (also eine Maßnahme verschlechtert in keinem Fall die Situation einzelner Familien),
- sie weisen kein zu hohes Abstraktionsniveau auf (also keine Spezifikation der Art „bedarfsgerechtes Betreuungsangebot").

Aus einer Vielzahl möglicher Handlungsalternativen wurde im beschriebenen Forschungsprojekt eine Auswahl an Maßnahmen getroffen, für die eine Befragung von Familien zu den Nutzen kommunaler Familienzeitpolitik durchgeführt wurde:

- verbesserte ÖPNV-Angebote zu möglichen Arbeitszeiten,
- Absicherung der Schulwege von Kindern,
- Ausbau der Betreuungszeiten in Kitas und Schulen,
- Ausbau der Betreuung an Randzeiten,
- Flexibilisierung von Arbeitsbeginn und -ende,
- flexible Gestaltung des Arbeitsortes.

Nutzenaspekte kommunaler Familienzeitpolitik

Diesen Maßnahmen werden über verschiedene Wirkungskanäle Nutzeneffekte zugeordnet. Zu nennen sind hier exemplarisch eine bessere Vereinbarkeit von Familie und Beruf sowie der damit verbundene Beitrag zur Fachkräftesicherung, eine höhere Attraktivität für die Kommune, bessere Teilhabechancen für Kinder und Jugendliche und eine Stärkung des sozialen Miteinanders.

Bessere Vereinbarkeit von Familie und Beruf/Fachkräftesicherung

Kommunale Familienzeitpolitik kann auf verschiedenen Wegen einen Beitrag dazu leisten, dass es Müttern und Vätern besser gelingt, Familie und Beruf zu vereinbaren. So kann sie Angebote schaffen, die diese bei den familiären Aufgaben entlasten und so Zeitpotenziale für die Erwerbstätigkeit freisetzen. Zu denken ist in diesem Zusammenhang an Betreuungsplätze, haushaltsnahe Dienstleistungen (Wippermann 2011), ein familienfreundliches Arbeitsumfeld (BMFSFJ/IW 2013), eine bessere Taktung der unterschiedlichen lokalen Zeitstrukturen (etwa Betreuungs- und ÖPNV-Abfahrtszeiten an typische Arbeitszeiten).

Gelingt es durch diese zeitpolitischen Maßnahmen, Personen mit Familienverantwortung eine umfangreichere Erwerbstätigkeit zu ermöglichen, wirkt sich dies doppelt positiv auf die wirtschaftliche Entwicklung aus. Zum einen werden Fachkräfteengpässe vermindert, da viele Personen mit Familienverantwortung über gesuchte Qualifikationen verfügen (Geis/Plünnecke 2013). Zum anderen wird die Produktivität erhöht. Anger und Schmidt (2008) zeigen, dass kürzere familienbedingte Auszeiten die Qualifikationen verbessern und Produktivität erhöhen.

Diese positiven Effekte kommen nicht nur den betroffenen Familienmitgliedern, sondern auch der Wirtschaft und dem Staatshaushalt zugute. Mit der Steigerung des Arbeitsvolumens und der Verbesserung der Produktivität nehmen die Wertschöpfung in Deutschland, das Aufkommen der Einkommenssteuer und die Sozialabgaben zu.

Höhere Attraktivität der Kommune für Familien

Die Familiengründung ist oft mit einem Wohnortwechsel verbunden. Auch im weiteren Verlauf des Familienlebens kann es immer wieder zu Umzügen kommen. In vielen Fällen liegen dabei keine großen Distanzen zwischen altem und neuem Wohnsitz, sondern der Umzug erfolgt innerhalb der Kommune oder in eine Nachbarkommune. Lokale Zeitstrukturen spielen eine wichtige Rolle für die Wohnortentscheidung. So findet Ebertz (2008) in einer empirischen Untersuchung heraus, dass sich unter anderem die Häufigkeit von ÖPNV-Angeboten und die Zahl der ortsansässigen Ärzt/innen signifikant positiv auf die Zuzugsbereitschaft auswirken.

Kommunale Familienzeitpolitik kann folglich einen entscheidenden Beitrag zur Steigerung der Attraktivität einer Kommune für Familien leisten, die über einen Umzug nachdenken. Dies kommt den Kommunen auch finanziell zugute, da ihre Zuweisungen im Rahmen des kommunalen Finanzausgleichs maßgeblich von der Einwohnerzahl abhängen.

Bessere Teilhabechancen für Kinder und Jugendliche

Betreuungsangebote wirken sich positiv auf die Entwicklung von Kindern und Jugendlichen aus und stärken so langfristig die Fachkräftebasis (Geis/Plünnecke 2013). Auch
eine Einbindung in ehrenamtliche Tätigkeiten stärkt die Kompetenzen junger Menschen
(Düx u.a. 2009).

> Durch abgestimmte Zeitstrukturen kann die Teilnahme an Betreuungsangebo-
> ten, ehrenamtlichen Tätigkeiten und Freizeitaktivitäten für Kinder und Jugend-
> liche erhöht werden. Hierdurch hat kommunale Familienzeitpolitik maßgebli-
> chen Einfluss auf die Teilhabechancen junger Menschen.

Stärkung des sozialen Miteinanders in der Kommune

Ob Menschen ehrenamtlich tätig werden oder Verantwortung im sozialen Umfeld oder
der Familie übernehmen, etwa indem sie einen pflegebedürftigen Angehörigen versorgen, hängt von vielen Faktoren ab (Hüther u.a. 2012). Einen bedeutenden Einfluss haben ihre Zeitgestaltungsmöglichkeiten.

Erste empirische Ergebnisse zur Zufriedenheit der Eltern mit Betreuungsangeboten

Im Oktober 2015 wurden 1.237 Familien mit Kindern unter 15 Jahren befragt. Im Folgenden sollen exemplarisch Ergebnisse zu den Betreuungszeiten in Kitas und Schulen
präsentiert werden. In 861 der befragten Familien leben Schulkinder. Bei etwa 31 % der
Familien mit Schulkind besucht dieses eine Ganztagsschule. Rund 32 % nehmen eine
außerschulische Betreuung in Anspruch. Vorschulische Betreuungsangebote werden
von 463 der befragten Familien genutzt (Abbildung 1).

Bei den Betreuungszeiten wurde zwischen dem Umfang und der Flexibilität unterschieden. Flexibilität bedeutet dabei, dass das Kind nicht zu genau festgelegten Zeiten in
die Einrichtung gebracht oder dort abgeholt werden muss. Von den 463 Familien, die
vorschulische Betreuung in Anspruch nehmen, sind etwa 42 % sehr zufrieden mit dem
Umfang der Betreuungszeiten. Rund 43 % sind eher zufrieden, das heißt, bei diesen
Familien dürften durchaus noch Möglichkeiten bestehen, die Zufriedenheit weiter zu
steigern. Insgesamt rund 15 % sind sehr unzufrieden oder eher unzufrieden mit dem
Umfang der Betreuung (Abbildung 2). Hinsichtlich der Flexibilität der Betreuungszeiten
ist die Zufriedenheit der Familien generell etwas geringer als hinsichtlich des Umfangs
des Angebots.

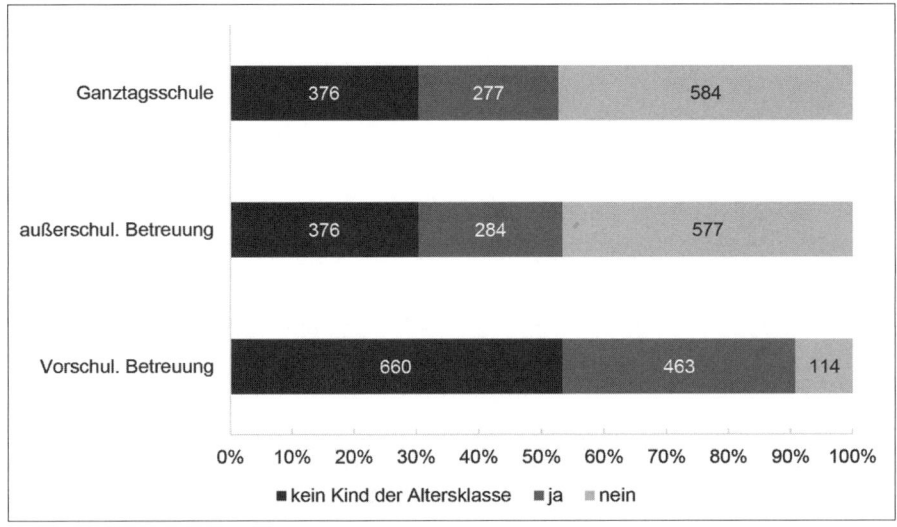

Abb. 1: Besuch von Einrichtungen durch Kinder

Quelle: IW Consult, Familienbefragung

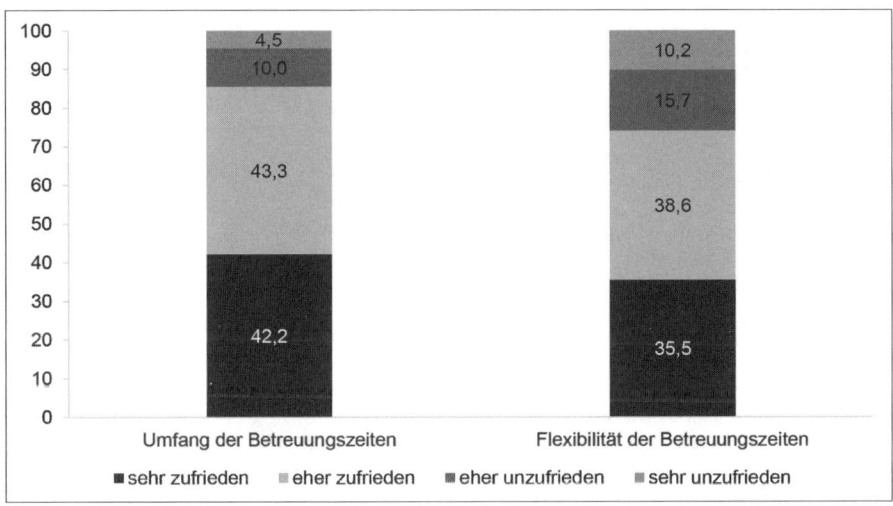

Abb. 2: Zufriedenheit mit vorschulischer Betreuung

Quelle: IW Consult, Familienbefragung

Vergleicht man das Ergebnis mit der Einschätzung der 284 Familien, die Betreuungsangebote für ihre Schulkinder in Anspruch nehmen, so zeigt sich, dass aus Sicht der Familien die Betreuungssituation hinsichtlich Umfang und Flexibilität in den Kindertagesstätten besser bewertet wird als in den Ganztagsschulen und außerschulischen Betreuungsangeboten (Abbildung 3). Ganztagsschulen allein sind folglich keine Garantie für Zufriedenheit – 35 % der Familien sind sogar eher unzufrieden oder sehr unzufrieden.

Analysiert man die Ergebnisse näher, so zeigt sich, dass die Zufriedenheit in den neuen Bundesländern höher als in den alten Bundesländern ist. Ferner nimmt mit größerem zeitlichen Angebot der in den Familien realisierten Betreuungsangebote die Zufriedenheit der Eltern mit Umfang und Flexibilität zu (eigene Auswertungen auf Basis der Familienbefragung von IW Consult).

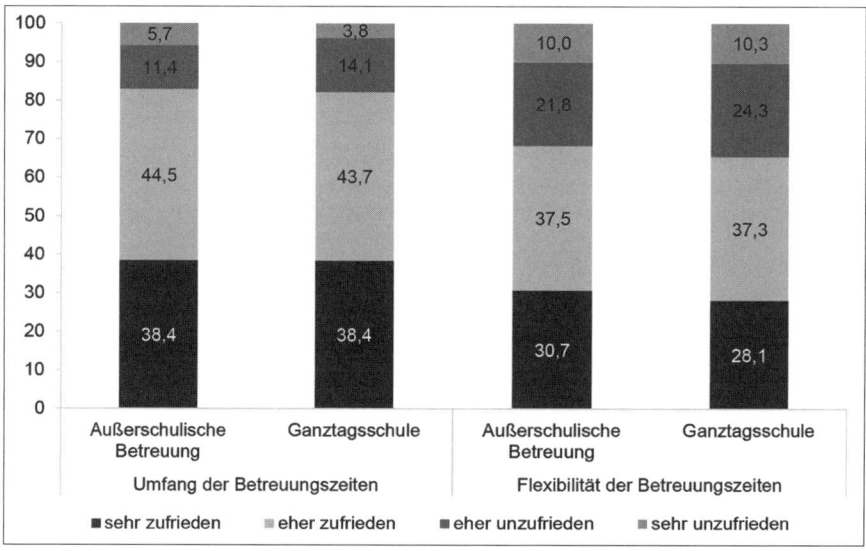

Abb. 3: Zufriedenheit mit Betreuung für Schulkinder
Quelle: IW Consult, Familienbefragung

Effekte der Betreuungszeiten auf Arbeitsangebot und sonstiger Zeitgewinn für Eltern

Der Umfang der Betreuungszeiten in den Betreuungseinrichtungen wurde in einem weiteren Schritt der Befragung in drei Szenarien aufgeteilt. Im Referenzszenario, das als Vergleichsmaßstab herangezogen wird, besteht ein Betreuungsangebot von morgens bis zur Mittagszeit (also von etwa 8 Uhr bis 12 Uhr). Im Szenario 1 besteht ein Betreuungsangebot bis 15 Uhr, im Szenario 2 bis zum Abend (19 Uhr) und an Samstagen. Die befragten Eltern sollten einschätzen, wie viel Arbeitszeit sie mehr anbieten würden, wenn vom Referenzszenario auf Szenario 1 oder 2 gewechselt würde. Ferner sollten sie schätzen, welche freie Zeit sie als Eltern gewinnen würden.

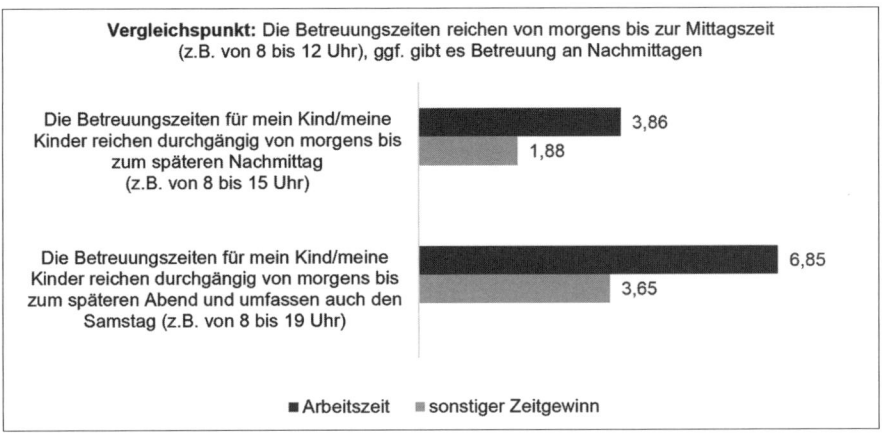

Abb. 4: Effekte längerer Betreuungszeiten: Durchschnittliche Zeitgewinne je Familie in Stunden pro Woche

Quelle: IW Consult, gewichtete Ergebnisse

Dabei zeigt die Befragung deutlich, dass die Betreuungszeiten sehr großen Einfluss auf den Erwerbsumfang der Eltern haben. So ergibt sich im Schnitt über alle Familien eine Ausweitung der wöchentlichen Arbeitszeit in Summe beider Elternteile um 6,85 Stunden, wenn die Betreuungsangebote durchgängig von morgens bis zum Abend, also etwa bis 19 Uhr, reichen und auch den Samstag umfassen, im Vergleich zu einer Situation vom Morgen bis zur Mittagszeit. Reichen die Betreuungszeiten zumindest bis zum späteren Nachmittag, also etwa bis 15 Uhr, ergibt sich ein Effekt von 3,86 Arbeitsstunden je Woche mehr. Zudem ermöglichen es längere Betreuungszeiten den erwachsenen Familienmitgliedern, mehr Zeit für andere Tätigkeiten oder Zeit für sich selbst zu nutzen. So liegt der entsprechende Zeitgewinn bei Betreuungszeiten bis zum späteren Abend im Vergleich zu Betreuungszeiten bis zur Mittagszeit bei 3,65 Stunden (Abbildung 4).

Zusammenfassend kann folglich mit Blick auf Umfang und Flexibilität der Betreuungszeiten festgehalten werden, dass Familien durch zeitpolitische Maßnahmen in ökonomisch relevantem Ausmaß zusätzliche Arbeitszeit anbieten. Damit können diese zeitpolitischen Maßnahmen zur Fachkräftesicherung beitragen (Geis/Plünnecke 2013) und damit verbunden zu deutlichen Steuermehreinnahmen führen (Geis/Plünnecke 2014).

Die für die investierende Kommune dabei entstehenden zusätzlichen Einnahmen werden durch die Finanzausgleichssysteme der öffentlichen Hand stark beeinflusst. Entsprechende Simulationsberechnungen werden in einer nächsten Stufe des Forschungsprojekts durchgeführt und den aus der Literatur gewonnenen und mit der Praxis abgestimmten Kostensätzen gegenübergestellt.

Literatur

Anger, C./Schmidt, J. (2008): Gender Wage Gap und Familienpolitik, in: IW-Trends, Nr. 2/2008, Köln.

Bock-Famulla, K. (2003): Kitas zahlen sich aus! Der volkswirtschaftliche Ertrag von Kindertagesstätten, in: Theorie und Praxis der Sozialpädagogik, Nr. 3/2003, S. 53–55.

BMFSFJ/IW – Bundesministerium für Frauen, Senioren, Familie und Jugend/Institut der deutschen Wirtschaft Köln (2013): Unternehmensmonitor Familienfreundlichkeit 2013, Berlin.

Düx, W./Prein, G./Sass, E./Tully, C. (2009): Kompetenzerwerb im freiwilligen Engagement: Eine empirische Studie zum informellen Lernen im Jugendalter, Wiesbaden.

Ebertz, A. (2008): Die Wohnortwahl privater Haushalte und die Bewertung lokaler Standortfaktoren in den sächsischen Gemeinden, ifo Dresden berichtet 5, Dresden.

Geis, W./Plünnecke, A. (2013): Fachkräftesicherung durch Familienpolitik, IW-Positionen, Nr. 60, Köln.

Geis, W./Plünnecke, A. (2014): Kosten-Nutzen-Analyse einer kommunalen Familienzeitpolitik, Berlin.

Hüther, M./Braun, S./Enste, D./Neumann, M./Schwalb, L. (2012): Erster Engagementbericht: Für eine Kultur der Mitverantwortung, Bericht für das Bundesfamilienministerium.

Possinger, J. (2011): Kommunale Zeitpolitik für Familien: Ansätze, Erfahrungen und Möglichkeiten der Praxis. Expertise des deutschen Vereins für öffentliche und private Fürsorge, Berlin.

Wippermann, C. (2011): Haushaltsnahe Dienstleistungen: Bedarfe und Motive beim beruflichen Wiedereinstieg, Berlin.

Christiane Bomert

Die Delegation von Hausarbeit in Form bezahlter Care-Arrangements

Ausgehend von den gesellschaftlichen Transformationsprozessen und Neukonfigurationen in der Erwerbs- und Familiensphäre beschäftigt sich dieser Beitrag mit der Delegation von Hausarbeit an migrantische Arbeitskräfte. Er fokussiert insbesondere die Arbeitgeberinnen dieser Arrangements und die dort beschäftigten Hausarbeiterinnen.

In immer mehr Bereichen ist eine Grenzverschiebung zwischen Arbeit und Leben zu verzeichnen. Diese sogenannte „doppelte Entgrenzung" von Erwerbsarbeit und Familienleben kann als eine Folge des Transformationsprozesses vom fordistischen zum postfordistischen Gesellschaftsmodell betrachtet werden. Sowohl im Bereich der Öffentlichkeit als auch im Privatleben führt dieser Wandel zur Neuausrichtung der Geschlechterverhältnisse, wie sich u.a. im vermehrten Aufkommen des „adult-worker-models" und der damit einhergehenden zunehmenden weiblichen Erwerbsbeteiligung zeigt. Mit der Abkehr vom traditionellen männlichen Ernährermodell bei gleichzeitig oft unveränderter traditioneller Zuweisung der Verantwortlichkeiten im familiären Bereich sehen sich Frauen, insbesondere in flexiblen bzw. zeitlich entgrenzten Beschäftigungsverhältnissen, neuen Herausforderungen gegenüber: So ist die Lebensrealität von erwerbstätigen Müttern im Rahmen des gegenwärtigen Wandels sowohl durch das neoliberale Leitbild der flexiblen „Unternehmerin ihrer selbst" als auch durch ihre Zuständigkeit für Reproduktionsarbeit in privater Form gekennzeichnet (Ludwig 2006).

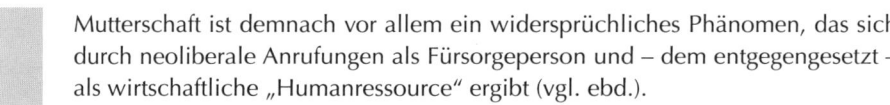

Mutterschaft ist demnach vor allem ein widersprüchliches Phänomen, das sich durch neoliberale Anrufungen als Fürsorgeperson und – dem entgegengesetzt – als wirtschaftliche „Humanressource" ergibt (vgl. ebd.).

Aus ökonomischer Perspektive scheinen diese neoliberalen Entwicklungen besonders vielversprechend. So titelte ZEIT ONLINE im August 2001: „Mütter an die Macht. Frauen haben alles, was moderne Firmen suchen" und verwies auf das Erfolg versprechende neue Familienmodell bestehend aus dem Idealtypus der Managerin mit zwei Kindern: „Der Tag wird durchorganisiert, professionelle Dienstleister helfen, Kinder und Haushalt zu versorgen" (Priddat 2001). Eindrücklich veranschaulicht der Artikel die Ökonomisierung von Sorgearbeit im Zuge der zunehmenden Anbindung an den Markt.

Demnach werden Marktmechanismen sowie Management- und Effizienzprinzipien einerseits in den alltäglichen Familienalltag verschoben, wodurch die Vereinbarung von

Familie und Beruf – vor dem Hintergrund der neoliberalen Prinzipien des „aktivieren-
den", fordernden und fördernden Staates (Sauer 2008, 26 f.) – heute vornehmlich als
eine individuelle Aufgabe zu verstehen ist, die ein gelungenes Zeit- bzw. Selbstma-
nagement braucht. Andererseits wird als vermeintlicher Ausweg aus den widersprüchlichen Anforderungen an erwerbstätige Mütter die Kommerzialisierung von Care-Arbeit
forciert, indem sich die in Ware verwandelte Care-Arbeit nun je nach ökonomischem
Hintergrund auf dem personenbezogenen Dienstleistungsmarkt einkaufen lässt (Schillinger 2009, 99 f.).

Angetrieben durch staatliche Maßnahmen, beispielsweise die nun mögliche steuerliche
Absetzbarkeit haushaltsnaher Dienstleistungen durch ihre rechtliche Umwandlung in
legalisierte Arbeitsverhältnisse, beschäftigen laut einer Umfrage des Forsa-Instituts heute 11 % der Befragten eine Haushaltshilfe – Schätzungen zufolge jedoch vier Millionen
Haushalte weiterhin irregulär (Minijob-Zentrale 2015).

> Demnach hat sich hierzulande ein informeller Arbeitsmarkt entwickelt – für vor-
> nehmlich migrantische und zu 90 % weibliche Arbeitskräfte (Kamphues 2009,
> 87; Brückner 2002, 179).

Mutterschaft im Rahmen der Kommerzialisierung von Care-Arbeit

Die Verschiebung von Hausarbeit zwischen Frauen ist seit den 1990er-Jahren Ge-
genstand internationaler Forschung. Hervorgerufen durch die weiterhin fehlende ge-
schlechtergerechte Arbeitsteilung der Haus- und Familien-
arbeit wird „in den gut situierten, beruflich ambitionierten
Schichten ein Bedarf an bezahlten Haushaltsarbeiterinnen"
(Thiessen/Villa 2009, 9) provoziert, der über transnationale „care chains" organisiert wird. Der wachsende Bedarf
an Hausarbeiterinnen im Privathaushalt zeigt, dass sich
ein „neues Geschlechterarrangement" (Lutz 2008, 23) entwickelt hat, welches zu „einer klassen- und ethnienspezi-
fischen Umverteilung unter Frauen" (Brückner 2002, 180)
beiträgt.

Christiane Bomert,
M.A., ist wiss. Mitarbeiterin
am Institut für Politikwis-
senschaft und am Zentrum
für Europäische Geschlech-
terstudien (ZEUGS) der
Universität Münster. E-Mail:
C.Bomert@uni-muenster.de

Schillinger (2009) bezeichnet diese Vermarktlichung von
Care-Arbeit als ein „postfeministisches Arrangement", da es
zwar die Doppelbelastung von Frauen in gut verdienenden
Haushalten entschärft und zu einem Rückgewinn an Eigen-
Zeit für die Frauen führt (Odierna 2000, 118), sich gleichzeitig jedoch eine neue, alte geschlechtliche Arbeitsteilung
durchsetzt (Schillinger 2009, 100). Konstant bleibt hier auch die geschlechtliche Dimension von Hausarbeit: Sowohl bezahlte als auch unbezahlte Tätigkeiten werden wei-

terhin von Frauen ausgeübt. Dass sich diese „neue Arbeitsteilung" in Zukunft weiterhin verstärkt, erklärt sich aus den Entwicklungstendenzen unserer Gesellschaft hin zu einer Dienstleistungs- und Wissensgesellschaft. Diese Erschließung der personenbezogenen Dienstleistung entspricht einem „neoliberalen Politikverständnis [...], das die Transformation von ehemals unbezahlten oder staatlich geförderten Diensten in marktförmige Erwerbsarbeit vorantreibt" (Lutz 2008, 21).

Für die erwerbstätigen Mütter bleiben diese Entwicklungen nicht folgenlos: Die durch die widersprüchlichen Anforderungen als Fürsorgeperson und wirtschaftliche „Humanressource" ausgelöste Auslagerung von Reproduktionsarbeit durch den Markt führt zu einer „Entkörperlichung von Mutterschaft" (Connell 2011, 18), die den Körper der Mutter immer weniger für die Erziehung und Pflege von Kindern benötigt. Darüber hinaus ist gleichzeitig eine „Ausweitung von Mutterschaft im Neoliberalismus" (ebd.) erkennbar, die Mütter insbesondere hinsichtlich einer bestmöglichen Erziehung des Kindes als Grundlage für das Bestehen in einer wettbewerbsgeprägten Gesellschaft in die Pflicht nimmt (vgl. ebd.).

Migrantische Arbeiterinnen im Diskurs um Hausarbeit

Lassen sich auf der einen Seite klare neoliberale Tendenzen im Diskurs um erwerbstätige Mutterschaft ablesen, ist und bleibt Hausarbeit auf der anderen Seite eine zumeist unsichtbare Tätigkeit. Indessen gelangen kommerzialisierte Hausarbeit und insbesondere die Situation der migrantischen Hausarbeiterinnen zunehmend in das öffentliche Interesse – wenn auch im wissenschaftlichen und medialen Diskurs unterschiedlich dargestellt.

Obschon bisher keine systematische Analyse dieses Diskurses vorliegt, lässt sich konstatieren: Im medialen Diskursspektrum wird ihr Erwerbsarbeitsstatus zwischen einer „Skandalisierung der Irregularität" einerseits und einer „Propagierung einer perfekten Win-Win-Win-Lösung" (Schillinger 2013, 143) für die Pflegebedürftigen, ihre Angehörigen und die Migrantinnen andererseits beschrieben. Im wissenschaftlichen Diskurs wird die kommerzialisierte Auslagerung von Sorgearbeit heute vornehmlich als Antwort auf die Versorgungslücke durch zunehmende Erwerbstätigkeit von (deutschen) Frauen diskutiert und das neue hierarchische Machtverhältnis zwischen Frauen betont (vgl. beispielsweise Lutz 2008). Beschrieben werden die migrierten Frauen hierbei „überwiegend als Opfer globalisierter Ausbeutungs- und Herrschaftsverhältnisse" (Rohr 2012, 247 f.).

Zweifelsfrei, so die Annahme des an diesem Forschungsdesiderat anknüpfenden Dissertationsprojektes der Autorin, leugnen jedoch sowohl die Überbetonung des prekären Charakters der Arbeitsverhältnisse als auch die Viktimisierung der Migrantinnen deren jeweilige Autonomiebestrebungen und missachten ihre tatsächliche Handlungsmacht.

So zeigen Studien zu den Lebens- und Arbeitsbedingungen illegaler Hausarbeiterinnen, dass diese „zwar mit den [...] Härten der Haushaltsarbeit und ihrer mangelnden Anerkennung kämpfen, darin ihre Handlungsfähigkeit aber nicht verlieren" (Karakayali 2010, 174).

Fazit

Die Auslagerung von Hausarbeit in Form bezahlter Care-Arrangements ist ein wachsendes Phänomen, welches durch die Verschiebung von Erwerbsarbeit in die Privatsphäre – als ein von der Arbeitswelt losgelöster Bereich – die wesentlichen Grundpfeiler der privaten Sphäre verändert: Die Trennung privat/öffentlich gerät demgemäß ebenso wie der Dualismus produktive/reproduktive Arbeit in Bewegung (Lutz 2008, 205).

Dennoch hat die Kommerzialisierung von Care-Arbeit die geschlechtsspezifische Zuweisung dieser Arbeit weder grundlegend infrage gestellt oder abgeschafft noch ihren Wert erhöht (Rostock 2007, 15). Deutlich wird lediglich eine „Spaltung der (globalen) Gesellschaft" (ebd.), die dazu führt, dass sich in der Mittelschicht zwar eine gerechte Arbeitsteilung realisiert, jedoch ist dies „nur deshalb möglich, weil sich die Geschlechterverhältnisse in anderen sozialen Milieus gerade nicht verändern" (König 2013, 581).

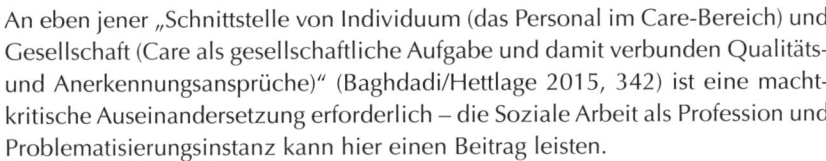

An eben jener „Schnittstelle von Individuum (das Personal im Care-Bereich) und Gesellschaft (Care als gesellschaftliche Aufgabe und damit verbunden Qualitäts- und Anerkennungsansprüche)" (Baghdadi/Hettlage 2015, 342) ist eine machtkritische Auseinandersetzung erforderlich – die Soziale Arbeit als Profession und Problematisierungsinstanz kann hier einen Beitrag leisten.

Literatur

Baghdadi, N./Hettlage, R. (2015): Zwischen Care-Gemeinschaft und Marginalisierung. Migrantinnen in Privathaushalten, in: Geisen T./Ottersbach, M. (Hrsg.): Arbeit, Migration und Soziale Arbeit, Wiesbaden, S. 339–360.

Brückner, M. (2002): Liebe und Arbeit – Zur (Neu)ordnung der Geschlechterverhältnisse in europäischen Wohlfahrtsregimen, in: Hamburger, F./Eggert, A./Heinen, A./Luckas, H./ May, M./Müller, H. (Hrsg.): Gestaltung des Sozialen – eine Herausforderung für Europa. Bundeskongress Soziale Arbeit 2001, Opladen, S. 170–198.

Connell, R. (2011): Elternschaft im Neoliberalismus. Mütter und Väter in der neuen Marktgesellschaft, in: Reuschling, F. (Hrsg.): Beyond re/production. Mothering. Katalog zur Ausstellung, 25. Februar – 25. April 2011, Kunstraum Kreuzberg/Bethanien, Berlin, S. 14–20.

Kamphues, C. (2009): Zur Wirkungsmacht der sozialen Konstruktionen von Geschlecht und Ethnizität. Am Beispiel von Haushaltsarbeit leistenden illegalisierten Frauen in Deutschland, http://www.worldcat.org/oclc/455622586 (20. März 2015).

Karakayali, J. (2010): Transnational Haushalten. Biographische Interviews mit transnationalen care workers aus Osteuropa, Wiesbaden.

König, T. (2013): Familien-Ideale. Regulierungen einer privaten Lebensform, in: PROKLA Zeitschrift für kritische Sozialwissenschaft, 43 (173), S. 571–583.

Ludwig, G. (2006): Zwischen „Unternehmerin ihrer selbst" und fürsorgender Weiblichkeit. Regierungstechniken und weibliche Subjektkonstruktionen im Neoliberalismus, in: Beiträge zur feministischen Theorie und Praxis, 29 (68), S. 49–59.

Lutz, H. (2008): Vom Weltmarkt in den Privathaushalt. Die neuen Dienstmädchen im Zeitalter der Globalisierung, 2. Aufl., Opladen.

Minijob-Zentrale (2015): Deutsche Gründlichkeit? Weit gefehlt. Neue Umfrage der Minijob-Zentrale zeigt, wie Deutsche zum Saubermachen stehen, https://www.minijob-zentrale. de/DE/Service/01_top_service_navigation/03_presse/Pressearchiv/2015/15_07_24.html (29. März 2016).

Odierna, S. (2000): Die heimliche Rückkehr der Dienstmädchen. Bezahlte Arbeit im privaten Haushalt, Opladen.

Priddat, B. (2001): Mütter an die Macht. Frauen haben alles, was moderne Firmen suchen, http://www.zeit.de/2001/36/Muetter_an_die_Macht (17. Februar 2015).

Rohr, E. (2012): Transnationale Kindheit und die „care chain"-Debatte, in: Birkle, C./Kahl, R./ Ludwig, G./Maurer, S. (Hrsg.): Emanzipation und feministische Politiken. Verwicklungen, Verwerfungen, Verwandlungen, Sulzbach, S. 246–262.

Rostock, P. (2007): Gleichstellungshindernis Reproduktionsarbeit: Löst die Beschäftigung von HausarbeiterInnen das Vereinbarkeitsdilemma?, http://www.fu-berlin.de/sites/gpo/ soz_eth/Frauen-_M__nnerforschung/Gleichstellungshindernis_Reproduktionsarbeit__L__ st_die_Besch__ftigung_von_HausarbeiterInnen_das_Vereinbarkeitsdilemma_/index.html (17. Februar 2015).

Sauer, B. (2008). Von der Freiheit auszusterben. Neue Freiheiten im Neoliberalismus, in: Bidwell-Steiner, M./Wagner, U. (Hrsg.): Freiheit und Geschlecht. Offene Beziehungen, prekäre Verhältnisse, Innsbruck, S. 17–31.

Schillinger, S. (2009): Who cares? Care-Arbeit im neoliberalen Geschlechterregime, in: Widerspruch, 56, S. 93–106.

Schillinger, S. (2013): Transnationale Care-Arbeit: Osteuropäische Pendelmigrantinnen in Privathaushalten von Pflegebedürftigen, in: Schweizerisches Rotes Kreuz (Hrsg.): Who cares? Pflege und Solidarität in der alternden Gesellschaft, Zürich, S. 142–161.

Thiessen, B./Villa, P. (2009): Mütter und Väter: Diskurse – Medien – Praxen. Eine Einleitung, in: Villa, P./Thiessen, B. (Hrsg.): Mütter – Väter: Diskurse, Medien, Praxen, Münster, S. 7–21.

Die Fachzeitschrift „**Archiv für Wissenschaft und Praxis der sozialen Arbeit**" erscheint vierteljährlich als in sich geschlossene Themenhefte. Folgende Ausgaben können Sie noch bestellen:

- ❏ 1/2016: Neue Ansätze in der Suchthilfe
- ❏ 4/2015: Grenzen überwinden: Perspektiven für die Integration Geflüchteter
- ❏ 3/2015: Wie gelingt der Übergang Schule – Beruf?
- ❏ 2/2015: Mediatisierung der Kinder- und Jugendhilfe
- ❏ 1/2015: Was brauchen Menschen mit Demenz?
- ❏ 4/2014: Beratung im Jobcenter
- ❏ 3/2014: Neuordnung der Leistungen für Menschen mit Behinderung
- ❏ 2/2014: Partizipation in der sozialen Arbeit: Alibi oder Empowerment?
- ❏ 1/2014: Profil und Position der Schulsozialarbeit
- ❏ 4/2013: Häusliche Gewalt gegen Frauen: Lücken im Hilfesystem
- ❏ 3/2013: Inklusion in der Diskussion *(vergriffen)*
- ❏ 2/2013: Die Zukunft der freien Wohlfahrtspflege
- ❏ 1/2013: Wohnungslosenhilfe vor neuen Herausforderungen
- ❏ 4/2012: Soziale Berufe zwischen Fachkräftemangel und Akademisierung
- ❏ 3/2012: Häusliche Pflege: Arrangements und innovative Ansätze
- ❏ 2/2012: Wege aus dem Bildungsdilemma
- ❏ 1/2012: Diversity Management und soziale Arbeit
- ❏ 4/2011: Aktuelle Entwicklungen in der Schuldnerberatung
- ❏ 3/2011: Neue Technologien im Gesundheits- und Pflegebereich
- ❏ 2/2011: Lebenslage Alleinerziehend – wo ist das Problem?
- ❏ 1/2011: Was bringt das Kinderbildungspaket? *(vergriffen)*
- ❏ 4/2010: Diagnose und Diagnostik in der sozialen Arbeit *(vergriffen)*
- ❏ 3/2010: Eingliederungshilfe und Pflege: aktuelle Anstöße und Ansätze
- ❏ 2/2010: Die Kategorie "Geschlecht" in der Kinder- und Jugendhilfe
- ❏ 1/2010: Leistungen für Unterkunft und Heizung – was ist angemessen?
- ❏ 4/2009: Armut und soziale Ausgrenzung
- ❏ 3/2009: Wohin treibt die Sozialwirtschaft? Ordnung, Steuerung, Perspektiven
- ❏ 2/2009: Familienpolitik auf dem Prüfstand
- ❏ 1/2009: Ein Jahr Rechtsanspruch auf Persönliche Budgets
- ❏ 4/2008: Demenz und soziale Teilhabe
- ❏ 3/2008: Kooperation und Vernetzung in der Jugendhilfe
- ❏ 2/2008: Organe, Gene und gesellschaftliche Verantwortung: aktuelle Fragen der Bioethik
- ❏ 1/2008: Drei Jahre SGB II: Erfahrungen, Auswirkungen, Schlussfolgerungen

Die Einzelhefte kosten 14,50 €, für Mitglieder des Deutschen Vereins 10,70 €. Mit einem Jahresabo erhalten Sie vier Ausgaben zum Preis von 42,70 € bzw. 25,90 € als Mitglied – inklusive eines kostenloses Zugangs zur digitalen Version. Für Bibliotheken und andere Institutionen bieten wir ein kostengünstiges digitales Abonnement über Preselect.media GmbH.

Wenden Sie sich an unseren Mitglieder- und Abonnentenservice:
Sandra Redlich, Tel. 030 62980-502, E-Mail: redlich@deutscher-verein.de

◼ Vorankündigung

Liebe Leserinnen und Leser,

die nächste Ausgabe des „Archivs für Wissenschaft und Praxis der sozialen Arbeit" erscheint im August 2016. Sie hat zum Thema:

„Qualität in Kindertageseinrichtungen"

§ 22a SGB VIII verpflichtet die Träger der öffentlichen Jugendhilfe, die Qualität in Kindertageseinrichtungen zu sichern, aber die Umsetzung in Ländern und Kommunen divergiert. In diesem Heft werden aktuelle und kontroverse Fragen anhand empirischer Ergebnisse und praktischer Erfahrungen diskutiert.

Bestellen Sie ein Jahres-Abo „Archiv" und erhalten Sie ein „Fachlexikon" als Prämie

Bestellen Sie ein Jahres-Abonnement des „Archiv für Wissenschaft und Praxis der sozialen Arbeit" (4 Hefte) zum Preis von 42,70 € (inkl. Mehrwertsteuer und Versandkosten). Mitglieder des Deutschen Vereins und Studierende (gegen Vorlage einer Studienbescheinigung) zahlen den Vorzugspreis von 25,90 €.

Als **Prämie** erhalten Sie ein „Fachlexikon der sozialen Arbeit", 7. Aufl.

Das Abonnement verlängert sich um ein weiteres Jahr, wenn es nicht vor Erhalt des vierten Heftes gekündigt wird.

Bestellungen und Fragen richten Sie bitte an:
Frau Sandra Redlich
Deutscher Verein für öffentliche und private Fürsorge e.V.
Michaelkirchstr. 17/18
19179 Berlin
Tel 030 62980-502
Fax 030 62980-550
E-Mail: redlich@deutscher-verein.de

Deutscher Verein
für öffentliche und private Fürsorge e.V.
Michaelkirchstraße 17/18, 10179 Berlin
www.deutscher-verein.de